Jörg Dauscher

111 Orte
in und um Meran,
die man gesehen
haben muss

emons:

Bibliografische Information der Deutschen Nationalbibliothek
Die Deutsche Nationalbibliothek verzeichnet diese Publikation
in der Deutschen Nationalbibliografie; detaillierte bibliografische
Daten sind im Internet über http://dnb.d-nb.de abrufbar.

© Emons Verlag GmbH
Alle Rechte vorbehalten
© der Fotografien: Jörg Dauscher, außer: Seite 239
© Covermotiv: iStockphoto.com/MarcelStrelow
Covergestaltung: Karolin Meinert
Lektorat: Julia Lorenzer
Layout: Eva Kraskes, nach einem Konzept
von Lübbeke | Naumann | Thoben
Kartografie: altancicek.design, www.altancicek.de
Kartenbasisinformationen aus Openstreetmap,
© OpenStreetMap-Mitwirkende, ODbL
Druck und Bindung: CPI – Clausen & Bosse, Leck
Printed in Germany 2024
ISBN 978-3-7408-2154-8

Unser Newsletter informiert Sie
regelmäßig über Neues von emons:
Kostenlos bestellen unter
www.emons-verlag.de

Die automatisierte Analyse des Werkes, um daraus Informationen
insbesondere über Muster, Trends und Korrelationen gemäß
§ 44b UrhG (»Text und Data Mining«) zu gewinnen, ist untersagt.

Vorwort

Meran ist ein Mythos. Vielleicht ist dieses Buch genau deswegen hilfreich. Denn es bricht den Mythos auf 111 konkrete Orte herunter, es geht auf Abwege und sieht Altes in neuem Licht. Natürlich feiert es Meran, wie könnte es nicht? Aber es feiert vor allem das Meran der Meraner, jener Minderheit, die in diesem kleinen Paradies lebt und es mit so vielen anderen teilt. Die zahllosen Besucher wiederum sind der Grund, warum Stadt und Gastronomie florieren, warum die Stadtgärtnerei tief in die Tasche greifen kann, um all die Pracht und Schönheit das gesamte Jahr über zu pflegen und zu erhalten. Meran ist ein Fest, und jeder darf dazukommen – vorausgesetzt, er kann sich die Preise leisten, denn Übernachtungen gehen ins Geld.

1855 erhielt Meran als erste Region in der Doppelmonarchie Österreich-Ungarn offiziell den Status eines Erholungsziels. Damit war die Kur erfunden, und es gab einen Grund, Wien wochen- oder sogar monatelang hinter sich zu lassen. Kaiserin Sisi machte es vor, dann brachen die Dämme: Meran wurde berühmt und zog noch mehr Menschen an. Franz Kafka kam zur Kur, Christian Morgenstern zum Sterben.

Die Eisenbahnlinie wurde gebaut, die Promenaden entlang der Passer und der Tappeinerweg entstanden. Meran wurde zu dem, was wir heute kennen und schätzen: Zauber und Kitsch, Alpenglühen und mediterrane Milde, Habsburger Glanz und leicht übertreuerte, echt neapolitanische Pizza, gebacken von Albanern. Aber Meran hat nicht nur Touristen und Trubel zu bieten, sondern auch sich selbst, wächst im Stillen über das Kur- und Promenadengedöns hinaus und zu einer modernen Weltstadt heran. Einer Weltstadt, die man mühelos zu Fuß durchqueren kann.

Eingefasst von Schlössern, Ansitzen und Burgen, eingerahmt von Wein- und Obstgärten und überragt von Alpengipfeln – Meran liegt an einem gesegneten Ort, Meran *ist* ein gesegneter Ort. Vielleicht sind deswegen alle hier so freundlich gestimmt.

111 Orte

1___ Die Brauerei Forst | Algund
   Der größte Bierkrug der Welt | 10

2___ Das Brückenkopfmuseum | Algund
   Zu kurz gekommen | 12

3___ Der Korblift | Algund
   Nostalgie pur! | 14

4___ Die Thronsessel | Algund
   Am Übergang ins Vinschgau | 16

5___ Die Falknerei | Dorf Tirol
   Beschwingte Flugshow | 18

6___ Das Knödelglück | Dorf Tirol
   Heimat eines Südtiroler Stars | 20

7___ Der uneingelöste Scheck | Dorf Tirol
   Hemingways Korrespondenz | 22

8___ Das Naturbad | Gargazon
   Badespaß ohne Chlor | 24

9___ Die Orchideenwelt | Gargazon
   Wie in den Tropen | 26

10___ Der Haflinger Erlebnisweg | Hafling
   Auf Pferdespuren | 28

11___ Die Kirche St. Kathrein | Hafling
   Haflings Wahrzeichen | 30

12___ Die Musterseilbahn | Hafling
   Wegweisend | 32

13___ Die Wellnessoase | Hafling
   Über den Dingen schweben | 34

14___ Die Wurzeralm | Hafling
   Die schönste Hütte Südtirols | 36

15___ Das Schloss Juval | Kastelbell
   Wo die Legende wohnt | 38

16___ Das Traktorenmuseum | Kuens
   Porsche für alle! | 40

17___ Das Apfelmuseum | Lana
   Nicht weit vom Stamm | 42

18___ Das Bauernmuseum | Lana
   Von ihrer Hände Arbeit | 44

19 — Die Caffeebar Kuntrawant | Lana
Gut geschmuggelt | 46

20 — Das Falschauer Biotop | Lana
Reste vom Delta | 48

21 — Die Gärtnerei Galanthus | Lana
Kulturpflanzen im Wortsinn | 50

22 — Die Gaulpromenade | Lana
Into the wild | 52

23 — Der Schnatterpeck-Altar | Lana
Heilige Vielfalt! | 54

24 — Die Destillerie | Marling
Geistreich | 56

25 — Die Marlinger Runde | Marling
Am längsten Waal Südtirols | 58

26 — Die Panorama-Önothek | Marling
Tiefe Einblicke | 60

27 — Die Marmeladenmanufaktur | Martell
Marmelade oder Konfitüre? | 62

28 — Das Arcus | Meran
Von Kaffee bis Franciacorta | 64

29 — Der Borgo Vittoria | Meran
Vorstadt im Grünen | 66

30 — Das Café Villa Bux | Meran
Kleine Zeitreise | 68

31 — Der Country-Club | Meran
Merans Open-Air-Festival | 70

32 — Der ehemalige Kaiserhof | Meran
Grand Hotel und Hotelfachschule | 72

33 — Die Eisdiele Sabine | Meran
Drei Standorte – eine Philosophie | 74

34 — Der Feinschmeckermarkt | Meran
Südtiroler Produkte unter einem Dach | 76

35 — Das Frauenmuseum | Meran
Kostümproben | 78

36 — Der Garten der Tiere | Meran
Kunst am Baum | 80

37 — Gigis Bar | Meran
Die Aperitiv-Bar Merans | 82

38 — Die Gilfklamm | Meran
Auf der Störungslinie | 84

39 — Das Hotel Palace | Meran
Eine Frage der Balance | 86

40 — Das Hotel Therme | Meran
Wellness hoch drei | 88

41 — Die Kirchturmuhren | Meran
Auf der Höhe der Zeit | 90

42 — Die Klamotte | Meran
Kuratierte Mode aus zweiter Hand | 92

43 — Der Kräutergarten | Meran
Balsam für die Seele | 94

44 — La Bottega del Pincho's | Meran
Häppchen für Häppchen | 96

45 — Das Lido | Meran
Kampf um die Moral | 98

46 — Der Lyrikpfad | Meran
Dichter im Rücken | 100

47 — Das Mahnmal | Meran
Dem Tiroler Aufstand gewidmet | 102

48 — Der Maiser Waalweg | Meran
Wasser, marsch! | 104

49 — Der Meraner Höhenweg | Meran
Ganz auf der Höhe! | 106

50 — Das Meteo | Meran
Eine Klasse für sich | 108

51 — Napoleons Totenmaske | Meran
Der vervielfältigte Kaiser | 110

52 — Das Ottmangut | Meran
Wo die Zitronen blühen | 112

53 — Der Panorama-Sessellift | Meran
Meran sanft entschweben | 114

54 — Der Pavillon des Fleurs | Meran
Das Herz des Kurbetriebs | 116

55 — Der Pferderennplatz | Meran
Heimat der Haflinger | 118

56 — Die Promenaden | Meran
Weltberühmte Spazierwege | 120

57 — Der Pulverturm | Meran
Beste Aussichten | 122

58 — Der Römerkeller | Meran
Aus Italiens Küchen | 124

59 **Das Rössl Bianco** | Meran
Das älteste Gasthaus der Stadt | 126

60 **Das Rosty** | Meran
Last Exit Mühlgraben | 128

61 **Das Schloss Labers** | Meran
Die Falschgeldzentrale | 130

62 **Das Sisi-Denkmal** | Meran
Der Mythos lebt | 132

63 **Die Soldatenfriedhöfe** | Meran
Im Tode vereint | 134

64 **Das Soulfood** | Meran
Im Pizza-Himmel | 136

65 **Der Speck von Tito** | Meran
Voller Schweinereien | 138

66 **Die Spronser Seen** | Meran
Funkelnde Juwelen | 140

67 **Das Steinachviertel** | Meran
Mit allen Wassern | 142

68 **Der Steinerne Steg** | Meran
Die älteste Brücke Merans | 144

69 **Die Synagoge** | Meran
Spuren jüdischen Lebens | 146

70 **Der Tappeinerweg** | Meran
Den Horizont erweitern | 148

71 **Die Therme** | Meran
Naked Brunch | 150

72 **Der Tirolersteig** | Meran
Alter Fußweg | 152

73 **Die Trattoria Flora** | Meran
Henkersmahlzeit mit Anspruch | 154

74 **Das Touriseum** | Meran
Südtiroler Tourismusgeschichte | 156

75 **Das Tuo** | Meran
Big in Merano | 158

76 **Der Valentinhof** | Meran
Bio-Pionier mit Hofladen | 160

77 **Die Villa Helioburg** | Meran
Morgensterns Sterbeort | 162

78 **Die Villa Ottoburg** | Meran
Franz Kafkas Residenz | 164

79___ Die Villen von Zarenbrunn | Meran
Die Stiftung Borodina | 166

80___ Die Wallfahrtskirche | Meran
Die älteste Kirche Merans | 168

81___ Die Wandelhalle | Meran
Sehen und gesehen werden | 170

82___ Die Wanderfelsen | Meran
Zeugen einer Katastrophe | 172

83___ Das Weingut | Meran
Im Keller von Schloss Rametz | 174

84___ Die Arunda Sektkellerei | Mölten
Die höchstgelegene Kellerei Europas | 176

85___ Die Steinmännchen | Mölten
Magischer Kraftort | 178

86___ Der Schneeberg | Moos in Passeier
Die höchstgelegene Siedlung Europas | 180

87___ Die Aussichtsplattform | Naturns
Überblick, Ausblick und Einblick | 182

88___ Die Moser Speckworld | Naturns
Vom Suren und Selchen | 184

89___ Das Naturparkhaus Texelgruppe | Naturns
Südtirols jüngster Museumsbau | 186

90___ Die St.-Prokulus-Kirche | Naturns
Museumskirche und Kirchenmuseum | 188

91___ Das K. u. K. Museum | Partschins
Sisis Badewanne | 190

92___ Die Panoramaseilbahn | Partschins
Lift ins Hochgebirge | 192

93___ Das Schreibmaschinenmuseum | Partschins
Kein durchschlagender Erfolg | 194

94___ Das Wasserkraftwerk Töll | Partschins
Historische Wasserkraft | 196

95___ Das Terra | Sarnthein
Höchstgelegenes Sternerestaurant Italiens | 198

96___ Der Sagenweg | Schenna
Aus gruseligem Holz geschnitzt | 200

97___ Der Eishof | Schlanders
Abgelegener geht es nicht | 202

98___ Der Archäologiepark | Schnals
Alltag wie Ötzi | 204

| 99 | Das Museum Passeier | St. Leonhard in Passeier
Bei Hofers zu Hause | 206
| 100 | Der Fernwanderweg E5 | St. Martin in Passeier
Legendäre Alpenüberquerung | 208
| 101 | Das Restaurant Zum Löwen | Tisens
Sterneküche in der Scheune | 210
| 102 | Die Kunstgärten | Tscherms
Vom Weingut zum Gartenkunstwerk | 212
| 103 | Das Schloss Lebenberg | Tscherms
Südtiroler Ikone | 214
| 104 | Das Vigiljoch | Tscherms
Magischer Ort | 216
| 105 | Das Häuserl am Stoan | Ultental
Alleinstellungsmerkmal | 218
| 106 | Die Lahnersäge | Ultental
Zahn um Zahn | 220
| 107 | Das Mitterbad | Ultental
Ausgebadet | 222
| 108 | Die Urlärchen | Ultental
Die letzten drei | 224
| 109 | Der Gampenbunker | Unsere Liebe Frau Im Walde-St. Felix
Unter Tage | 226
| 110 | Der Vellauer Felsenweg | Vellau
Spektakulär ausgesetzt | 228
| 111 | Das Knottnkino | Vöran
Nur Naturfilme | 230

ALGUND

1 Die Brauerei Forst
Der größte Bierkrug der Welt

Moretti und Peroni mögen allgegenwärtig sein, aber das Südtiroler Bier schlechthin kommt aus Forst bei Meran. Das Quellwasser vom Marlinger Berg gab den Ausschlag für die Firmengründung 1857 mitten in einer Weinregion. Es ist auch der Grund, warum das Unternehmen heute noch dort ansässig ist – von einer Abfüllanlage im fernen Sizilien einmal abgesehen. Die Brauerei Forst ist inzwischen die größte Südtirols, setzt jährlich fast 140 Millionen Euro um und ist dennoch nach wie vor in Familienhand. Mehr noch: Forst und Bier sind Synonyme geworden.

Seit 2010 fordert Forst nicht nur die italienische, sondern auch die bayerische Konkurrenz heraus, und zwar indem vor Ort der weltgrößte Bierkrug aufgestellt und in Betrieb genommen wurde. 7,35 Meter ist das Monstrum mit geöffnetem Deckel hoch und fasst knapp 13.000 Liter. Das sind mehr als dreimal so viel wie jener Krug, der im oberpfälzischen Oberviechtach 2002 erstmals gefüllt und dafür im Guinnessbuch der Rekorde aufgeführt wurde. Beide sind wohlgemerkt aus Holz gefertigt. Fast drohte der Rekord von kurzer Dauer zu sein, denn der Dresdener Peter Ardelt wartete auf dem Münchner Oktoberfest 2011 mit einem Polyethylen-Krug auf, der sogar 42.000 Liter gefasst hätte, wäre er denn befüllbar gewesen. War er aber nicht. Und die Regularien verlangen, dass Bier in den Krug muss, damit dieser als regelkonform gilt.

Das Forster Exemplar hingegen wird regelmäßig gefüllt, es ist Teil des Braugartens und daher immer wieder in Gebrauch. Aber auch davon abgesehen ist die Brauerei einen Besuch wert. Schon deshalb, weil an die altehrwürdigen schlossähnlichen Gebäuderiegel ein modernes Sudhaus anschließt. Und weil die Brauerei mit dem Bräustüberl Forst eine eigene Gastronomie betreibt – in Räumlichkeiten, die ebenso der Tradition verpflichtet sind wie die Rezepte der dort gezapften Bierauswahl. Nicht zu vergessen der gut besuchte Biergarten.

Adresse Vinschgauerstraße 9, 39022 Algund, www.forst.it | **ÖPNV** Bus 212, Haltestelle Forst | **Öffnungszeiten** täglich 10–24 Uhr | **Tipp** Oberhalb von Forst beginnt der Marlinger Waalweg, von dem aus man das ganze Ausmaß des Brauereigeländes überblickt.

ALGUND

2 Das Brückenkopfmuseum
Zu kurz gekommen

Es gibt Museen, die befassen sich mit Kunst oder Technik, und solche, die die Natur zum Gegenstand haben. Und dann gibt es da ein Museum, das einem Brückenkopf gewidmet ist und nicht viel größer ist als dieser selbst. Nur einem Brückenkopf deswegen, weil der Rest der Brücke schon lange über den Jordan beziehungsweise die Etsch hinuntergegangen ist. Die Römer sollen sie einst gebaut haben, als Teil der Via Claudia Augusta, die an Meran vorbei über die Alpen und in die nördlichste Provinz des Imperiums führte. Verbürgt ist jedenfalls, dass die Römer an Ort und Stelle in Algund eine Brücke betrieben und Wegzoll verlangten.

Also bekamen die Brückenreste einen Glaskubus verpasst und wurden mit allerlei Erklärmaterial ausgestattet, nachdem man deren Fundamente 2008 freigelegt und sich ein bisschen genauer angesehen hatte. Die Untersuchungen ließen einen römischen Ursprung ziemlich unwahrscheinlich erscheinen und legten eine Entstehung im 15. Jahrhundert nahe. Da hat wohl jemand frech über die römische Brücke drübergebaut!

Ausgetretene Stiegen führen auf den Brückenkopf, auf den eine kleine Kapelle aufgesetzt wurde. Sie ist dem heiligen Nepomuk geweiht und wurde genutzt, um Beistand vor den Naturgewalten zu erbitten.

Das Fundament der Brücke liegt hingegen unter Tage: Man muss ein paar Schritte hinuntersteigen, die Vergangenheit ist versunken, hundertfach überspült von der Etsch, die erst ab 1869 reguliert und mit Dämmen versehen wurde. Zuvor waren Überschwemmungen mehr die Regel als die Ausnahme. Kein Wunder also, dass weder die römische Brücke noch ihr spätmittelalterlicher Nachfolger überlebt hat und nur noch ein Kopf steht. So offenbart der Ort nicht nur die Überreste einer vermeintlichen römischen Vergangenheit, sondern auch die unerbittliche Kraft der Etsch, welche die Geschichte im wahrsten Sinne des Wortes weggespült hat.

Adresse an der Marktstraße, gegenüber dem Restaurant Römerkeller, 39022 Algund | **ÖPNV** Bus 211, 217, 237, Haltestelle Algund Schule | **Öffnungszeiten** täglich 8–18 Uhr; Eintritt frei, Tür zum Untergeschoss offen | **Tipp** Eine sehenswerte Holzbrücke führt unmittelbar hinter dem Museumsparkplatz von Algund hinüber nach Forst, sodass sich die grauen Wasser der Etsch näher studieren lassen.

3 Der Korblift
Nostalgie pur!

Vellau wurde schon in den 1960er und 1970er Jahren für den Tourismus erschlossen und ist daher gut zugänglich. Bis zu den Gehöften am Aufstieg zur Texelgruppe hat man die Wahl: Entweder kommt man mit dem Bus oder man nimmt das eigene Auto – oder aber man schwebt entspannt mit dem Lift ein. »Sessellift« nennt sich das Verkehrsmittel für die erste Etappe von Plars bis nach Vellau, wobei der hölzerne Einer weder Fußstützen aufweist noch einen Bügel. Eine Nostalgiefahrt wenige Meter über dem Boden und über Weingärten, Wälder und Wiesen hinweg. Man überwindet eine Strecke von knapp 1.300 Metern in ziemlich genau 10 Minuten, das entspricht fast 8 Stundenkilometern.

Der Lift mag alt sein und ohne moderne Sicherungssysteme auskommen, natürlich wird er aber regelmäßig gewartet. Mit Kindern sollte man jedoch lieber den Bus nehmen und erst in Vellau in den Korblift umsteigen. Das ist Abenteuer genug und schont die Nerven.

In Vellau fungiert der Gasthof Gasteiger als Mittelstation auf 980 Metern, die Fahrt geht anschließend im urigen Korblift weiter bis kurz vor die Leiteralm und damit bis auf 1.522 Meter zum Ausgangspunkt zur Mutspitze oder auch zum Meraner Höhenweg. In den Korb passen zwei Personen, wesentlich jüngeren Datums als der Einer ist aber auch dieser 1965 gebaute Lift nicht. Schwindelfrei sollte man schon sein. Zwar schwebt man nicht weit über dem Erdreich, aber auch der Gondelboden ist aus Eisendraht und damit durchsichtig. Immerhin kann man nicht rausfallen, der Korb reicht einem Erwachsenen bis zur Brust.

Beide Anlagen werden vom Gasteigerhof betrieben, Übernachtungsgäste der Alm genießen Sonderkonditionen. Zwei verschiedene Wanderwege führen von der Bergstation bis zur Mittelstation – also zum Gasthof – zurück, der eine etwas steiler, der andere dafür etwas länger, sodass man gut zu Fuß wieder runterkommt.

Adresse Vellau, 39022 Algund, www.gasteiger.it | **ÖPNV** Bus 235, 237 bis nach Vellau, wenige Meter zur Talstation; alternativ von Algund mit dem Sessellift nach Vellau | **Öffnungszeiten** täglich 8.30–12 und 13.30–17 Uhr | **Tipp** Die Leiteralm liegt unweit der Bergstation und eignet sich bestens für eine aussichtsreiche Einkehr.

4 Die Thronsessel
Am Übergang ins Vinschgau

Eigentlich handelt es sich bei den beiden Thronsesseln um Aussichtsplattformen, die von Karl-Heinz-Steuer als überdimensionierte Gartenstühle konzipiert wurden. Angefertigt wurden sie nach dem Vorbild des Mobiliars von Schloss Trauttmansdorff, für das der Gartenkünstler sonst arbeitet, weshalb sie auch Trauttmansdorffer Thronsessel heißen. Mit Palmen und Zypressen, einem begehbaren Tunnel aus Weinreben und Blumenbepflanzung wirkt das Areal wie eine Miniaturausgabe der Trauttmansdorffer Gärten, die durch das vor Ort installierte Fernrohr sogar im Detail zu erkennen sind. Wobei man hier in der Tat thront, nicht wegen der Sitzhöhe, sondern wegen des Rundblicks über das Gartendorf Algund, auf die Mutspitze und bis hinüber nach Meran und Dorf Tirol.

Aber das Ensemble ist mehr als Plaisir und Ausblick, es ist eine Landmarke. Denn es markiert die Grenze zwischen dem Talkessel und dem Vinschgau. Das Gartenareal liegt genau auf der Schwelle und zugleich am Radweg Via Claudia Augusta, der wiederum dem Verlauf der einstigen Römerstraße durch die Alpen folgt. Den Radweg kann man von Meran aus ebenso gut nehmen wie die Route über den Algunder Waalweg – und sich die Thronsessel als lohnenden Umkehrpunkt aussuchen.

Die antike Via Claudia Augusta und der heutige Radwanderweg ziehen weiter über den Reschen- und den Fernpass bis nach Füssen und Augsburg. An der Töll, also der Talstufe zwischen Burggrafenamt und Vinschgau, auf der die Thronsessel platziert sind, befand sich einst eine römische Zollstation. Die Gemeinde Algund dagegen erstreckt sich über ein Gebiet dies- und jenseits der Töll, liegt also sowohl im Talkessel von Meran als auch im unteren Vinschgau. Der Name leitet sich wahrscheinlich von einer Flurbezeichnung ab. »Ad lacumina« bedeutet auf Latein »bei den Weihern« und könnte sich auf das Schwemmland beziehen, das dort vor der Regulierung der Etsch vorherrschte.

Adresse Hochkreuz, 39022 Algund | ÖPNV Bus 213 bis zur Abzweigung Oberplars; alternativ mit dem Fahrrad in 30 Minuten über den Radweg oder zu Fuß via Algunder Waalweg | Tipp Die Bezeichnung »Gartendorf« ist mehr als nur Tourismus-PR: Algund strotzt nur so vor Blumenpracht, die sich anzuschauen lohnt.

5 Die Falknerei
Beschwingte Flugshow

Allerhand Greifvögel sind heute noch in der Falknerei in Dorf Tirol untergebracht – entweder handelt es sich um zahme Zuchtvögel oder aber um wilde Exemplare, die hier gesundgepflegt und anschließend wieder in die freie Wildbahn entlassen werden. Das Pflegezentrum lässt sich samt Botanik-Lehrpfad und Volieren auf einem kleinen Rundgang eigenständig erkunden, aber das eigentliche Highlight sind die Flugvorführungen. Zweimal täglich schwingt sich vom Bussard über den Falken bis hin zum Adler und sogar Geier alles in den Meraner Himmel, was Flügel hat – die Eule nicht zu vergessen. Auch die ist ein Raubvogel und mit einer Flügelspannweite von über einem halben Meter ausgestattet. Beim Uhu sind es schon 160 Zentimeter, im Fall des Geiers sogar über zwei Meter. Was das bedeutet, lässt sich erst aus der Nähe wirklich erfassen, und so nah wie in Dorf Tirol kommt man den Greifvögeln sonst nie. Eine großartige »Show« mit einer edukativen Komponente, Experten klären über die Rolle von Greifvögeln in der Natur auf.

Die Falknerei liegt gleich neben dem Schloss Tirol auf dem Schlosshügel, von dem aus die Tiroler Grafen bis nach Füssen und ins Allgäu geherrscht haben. Seit 1998 übernehmen wieder Greifvögel die Luftherrschaft, verletzte Tiere werden in artgerechten Volieren gehalten und auch dann noch versorgt, wenn sie flugunfähig geworden sind. Das Vogelzentrum lebt von Spenden und den Eintrittsgeldern der Besucher – es ist also kein Zoo und dient nicht der Belustigung, sondern den Vögeln.

Ursprünglich beherbergte das Ensemble tatsächlich eine Falknerei, eine Zuchtstation für Jagdvögel. Bis zum Anfang des 19. Jahrhunderts wurden insbesondere Falken und Habichte als sogenannte Beizvögel eingesetzt. Gewiss auch zur Unterhaltung hielten sich die Adelshäuser eine ganze Armada an Falknern und Falkenknechten. Die Jagd mit abgerichteten Adlern war indes Königen und Kaisern vorbehalten.

Adresse Schloßweg 25, 39019 Dorf Tirol, www.gufyland.it | **ÖPNV** Bus 221, Haltestelle Dorf Tirol Busbahnhof, über den Schlossweg in 10 Minuten zu Fuß Richtung Schloss Tirol | **Öffnungszeiten** Di–So 10.30–17 Uhr, Flugvorführungen Ende März–Anfang Nov. täglich 11.15 und 15.15 Uhr | **Tipp** Warum nicht einen längeren Anlauf nehmen? Schließlich bietet die Falknerpromenade gleich unterhalb von Dorf Tirol die schönsten Aussichten auf Meran und das Etschtal sowie die Brunnenburg und das Schloss Tirol.

6 Das Knödelglück
Heimat eines Südtiroler Stars

Das Knödelglück ist ein Restaurant in Dorf Tirol. Es schenkt dem heimlichen Hauptdarsteller der Südtiroler Küche die Bühne, die er verdient. Knödel gibt es hier seit 2019 in allen denkbaren und undenkbaren Varianten. Markus steht in der Küche, Moni managt den Service und behält die Übersicht im Gastraum, auf der Terrasse und im bildschönen Gartenbereich, wo unter Palmen gespeist wird.

Sind Knödel nördlich der Alpen eine Beilage und taugen, um die Soße aufzunehmen, kommt man in Südtirol durchaus ohne eine solche aus. Im Norden mag es angehen, den Knödel mit dem Messer zu zerteilen, im Süden ist dies ein Affront, signalisiert es doch dem Wirt, die Knödel seien zu zäh oder trocken geraten. »Knödeldrahn« gilt dort als Kunst und als Schlüsseldisziplin eines Kochs beziehungsweise der Küche. Fluffig muss der Knödel sein, leicht und luftig, ohne auseinanderzufallen, das ist die Grundbedingung. Für alles andere gibt es keine klaren Regeln, mit in den Teig darf im Prinzip alles, was da ist. Schließlich kommt der Knödel aus der Arme-Leute-Küche der Bergbauern und besteht aus Zutaten, die im Haus waren, und dem, was übrig geblieben war.

Im Knödelglück ist allerdings Vorsatz im Spiel, sobald frisch – und natürlich von Hand – gedreht wird: ganz klassisch mit Speck, Roter Bete (Rohnenknödel) oder Käse oder elaborierter mit Kräutern, Brennnesseln, Kürbis oder Spinat, Weiß- oder Rotwein. Marillen- oder Feigenknödel dienen als Dessert, was aber nicht heißen soll, dass es hier ausschließlich Knödel gibt. Nein, auch ein Hirschragout (mit Knödel) findet sich auf der Karte oder eine Minilasagne (aus Knödeln).

Bleibt noch darauf hinzuweisen, dass allein die Lage des Restaurants appetitanregend ist: Es liegt unmittelbar am Tappeinerweg in Sichtweite des Pulverturms, und man kann sich seine Knödelportion vorab erlaufen oder anschließend wieder Platz für neue Knödel schaffen.

Adresse Zenobergweg 15a, 39019 Dorf Tirol, www.knoedelglueck.com | **ÖPNV** Bus 221, Haltestelle Zenoberg; alternativ zu Fuß über Tappeinerweg oder Gilfpromenade | **Öffnungszeiten** So–Di, Do, Fr 11.30–21 Uhr | **Tipp** Über den Krallinger Weg gelangt man von hier an die Passer und über das Passeirer Tor zurück in die Innenstadt.

7 — Der uneingelöste Scheck
Hemingways Korrespondenz

Nein, Hemingway war nie in Meran. Hätte aber passieren können, denn sein Schriftstellerfreund Ezra Pound residierte dort von 1958 bis 1962 und hatte ihn eingeladen. Der Besuch war schon geplant, doch Hemingways Selbstmord kam dazwischen.

In den 1920er Jahren war Pound nach Italien gekommen und hatte sich in Rapallo niedergelassen. Er brachte sich in Schwierigkeiten, indem er sich lautstark auf die Faschisten einließ und auch dann noch antisemitische und antiamerikanische Reden schwang, als der Krieg schon begonnen hatte. Daher wurde ihm nach seiner Festnahme 1945 in den USA der Prozess wegen Landesverrats gemacht. Mögliche Höchststrafe: der Tod. Pound rettete sich, indem er sich für geisteskrank erklären ließ, weshalb er in eine Nervenheilanstalt eingeliefert wurde.

Zwölf Jahre später wurde Pound entlassen und übersiedelte erneut nach Italien, um in der Brunnenburg bei Dorf Tirol zu wohnen. Seine (uneheliche) Tochter Mary war im Tauferer Ahrntal aufgewachsen und hatte das halb verfallene Anwesen 1947 erstanden und hergerichtet – mit dem expliziten Wunsch, der Vater möge kommen und dort schreiben.

Dessen Freundschaft mit Hemingway reichte in die 1920er Jahre zurück. Pound soll maßgeblich für Hemingways verknappten Schreibstil verantwortlich gewesen sein, weil er diesem geraten hatte, weniger Adjektive zu verwenden. Hemingway griff Pound später unter die Arme und übersandte einen Scheck nach Südtirol. »Wenn Du nicht möchtest, dann löse ihn einfach nicht ein!«, schrieb er im Begleitbrief, der wiederum samt dem uneingelösten Scheck unter Glas im Ezra-Pound-Raum der Brunnenburg ausgestellt ist – zusammen mit Fotografien, die Hemingway Jahre zuvor aus Key West geschickt hatte. Darunter ist ein Bild von einem menschlichen Armstumpf, den er beim Ausnehmen eines Hais gefunden hatte. Die Burg ist heute noch im Besitz von Pounds Nachkommen.

Adresse Brunnenburg, Ezra-Pound-Straße 3, 39019 Dorf Tirol, www.brunnenburg.net | **ÖPNV** Bus 221, Haltestelle Dorf Tirol Busbahnhof, über den Schlossweg in 10 Minuten zu Fuß zur Burg | **Öffnungszeiten** So–Do 10–17 Uhr | **Tipp** Kurz vor der Burg führt ein alter Steig hinunter zum Gnaidweg und trifft auf den Eingang zum Tappeinerweg – ideal, wenn man zu Fuß zurückkehren möchte.

8 Das Naturbad
Badespaß ohne Chlor

So üppig Südtirol von der Natur ausgestattet wurde, so spärlich gesät sind jenseits der Freibäder und der wenigen größeren Seen dieAdemöglichkeiten. In Gargazon zwischen Meran und Bozen hat man deshalb etwas nachgeholfen und 2010 ein Naturbad eröffnet. Chemie kommt dort nicht zum Einsatz, und das Becken ähnelt mehr einem Badeteich als einem Schwimmbad. Der Badebereich ist über Holzstege und gekieste Uferstellen zugänglich, macht aber nur einen Teil der Anlage aus. Der Rest ist der sogenannte Regenerationsbereich, dessen Wasserpflanzen und Mikroorganismen die Aufgabe zukommt, das Wasser zu reinigen und zu klären. 2.000 Quadratmeter misst die Wasserfläche insgesamt, ungefähr die Hälfte nimmt der Schwimmbereich ein.

Die Pflanzen agieren als Filtersystem und machen den Einsatz von Chlor komplett überflüssig – das Bad nutzt also die Reinigungskraft der Natur, genauso wie es in einem Naturteich der Fall wäre. Wobei das Naturbad einen geschlossenen Kreislauf darstellt und als autarkes Ökosystem nicht mit dem Grundwasser verbunden ist. Schwebstoffe werden mechanisch abgesaugt oder durch Strömungsanlagen weggetragen.

Abgesehen von diesen raffinierten Details bietet das Naturbad alle Annehmlichkeiten und Einrichtungen eines herkömmlichen Freibads: Liegewiesen, Bankgarnituren, Schattenplätze, ein Beachvolleyballfeld und Tischtennisplatten. Kinder können im eigens angelegten Bachlauf oder im Kleinkinderbecken spielen und toben. Umkleiden, Schließfächer und warme Duschen stehen selbstverständlich ebenfalls zur Verfügung, wobei das Warmwasser durch Sonnenkollektoren erwärmt wird.

Auch deshalb ist das Naturbad nicht nur eine außergewöhnliche Option für Naturliebhaber, sondern überdies eine familienfreundliche Einrichtung. Zudem ist es verkehrsgünstig direkt am Bahnhof und am Etschtal-Radweg gelegen. Bis nach Meran sind es lediglich 14 Kilometer.

Adresse Bahnhofstraße 37, 39010 Gargazon, www.naturbad-gargazon.it | **ÖPNV** unmittelbar am Bahnhof von Gargazon und damit an der Linie Meran–Bozen gelegen | **Öffnungszeiten** 25. Mai–9. Juni Mo–Fr 11–19 Uhr, Sa, So 10–19 Uhr; 10. Juni–25. Aug. täglich 10–19 Uhr; 26. Aug.–8. Sept. täglich 11–18 Uhr geöffnet; 12. Juni–10. August abends bis 19.30 Uhr | **Tipp** Im Apfellehrgarten von Gargazon lernt man alte Sorten kennen, die Beschilderung ist allerdings etwas in die Jahre gekommen.

9 — Die Orchideenwelt
Wie in den Tropen

Die Raffeiner Orchideenwelt als Alternative zu Museen und Burganlagen für Schlechtwettertage zu nennen, wird der riesigen Anlage nicht gerecht. Zwischen 500 verschiedenen Orchideenarten, 12.000 Grünpflanzen, einer Seenlandschaft inklusive japanischer Kois und den Gewächshäusern samt Tropenvilla kann man sich regelrecht verlieren. Dazu kommen das Schmetterlingshaus, die Papageien und die duftgesättigte, dschungelartige Luft der Glashäuser. Zudem wartet das Bistro Orchidea inmitten des Ensembles auf: Trotz des Namens offeriert es keine schnelle Küche, sondern neigt eher in Richtung Fine Dining, was eine Reservierung nötig macht.

Die Orchideenwelt ist mit 6.000 Quadratmetern mehr Tropenpark als Verkaufsoutlet, weshalb Familie Raffeiner völlig zu Recht Eintritt verlangt. Kaufzwang herrscht nicht, Pflanzen lassen sich dort natürlich trotzdem erwerben, wenn man möchte.

Valtl und Barbara Raffeiner betrachten die Orchidee als die Königin aller Blumen, sprechen von ihrer Magie und der Blütenpracht, anhand derer sich die ganze Opulenz der Natur zeige. Von weltweit etwa 30.000 Sorten haben sie die geeignetsten, schönsten und langlebigsten ausgewählt, um diese vor Ort zu züchten. Die optimalen Bedingungen dafür bieten die 300 Sonnentage im Jahr, das fast mediterrane Klima des Etschtals und die hohe Luftfeuchtigkeit. Der Aufwand ist hoch: Eine Pflanze benötigt etwa vier bis fünf Jahre bis zur ersten Blüte.

Die Leidenschaft für diese besonderen Gewächse haben die Raffeiners zu ihrem Beruf gemacht und Schritt für Schritt eine ganze Welt erschaffen: die Raffeiner Orchideenwelt. Dabei wird die Anlage nach ökologischen Grundsätzen bewirtschaftet, und die Orchideen werden ausschließlich mit Regenwasser gegossen. Und wer vor Ort kauft, dessen Pflanzen haben keinen einzigen Kilometer zurückgelegt – es sei denn, im Schubkarren!

Adresse Reichsstraße 26, 39010 Gargazon, www.raffeiner.net | **ÖPNV** Bus 201, Haltestelle Berghütten | **Öffnungszeiten** täglich 10–18 Uhr | **Tipp** Falls jemand noch was Feines zum Hochzeitstag sucht: Ausschließlich individuelle und handwerklich gefertigte Stücke bietet die Goldschmiede »goldkorn« gegenüber feil.

10 Der Haflinger Erlebnisweg
Auf Pferdespuren

Der Haflinger Erlebnisweg ist der gleichnamigen Pferderasse gewidmet und wartet auf zwölf Stationen mit allerlei Informationsangeboten auf. Wichtiger aber sind das Spiel und der Spaß, die damit einhergehen und die knapp fünf Kilometer Wegstrecke (hin und zurück) zur optimalen Familienwanderung machen – auch für die ganz Kleinen und sogar mit dem Kinderwagen. In einer guten Stunde könnte man die Strecke schaffen, gäbe es nicht so viel auszuprobieren und zu erfahren. Auch ein Schlenker auf den beliebten Wasserfallweg ist drin, sodass man gut und gern einen Vormittag hier verbringen kann.

Los geht es in Hafling neben der Pfarrkirche, und zwar auf dem sogenannten Bürgeleweg – also der einstigen Verbindung ins Tal, die erst 1978 ausgedient hatte, als die neue Straße samt Tunnel und Brücke eröffnet werden konnte und das Hochplateau an die Welt und damit den Fremdenverkehr angeschlossen wurde. Gleich hinter der Brücke übernimmt die Natur, es wird wilder und ursprünglicher, der Weg bleibt jedoch gut ausgebaut. Allerhand Geschicklichkeits- und Erfahrungsspiele säumen den Wegrand, und während sich der Nachwuchs ausprobiert, können die Eltern die Informationstafeln studieren. Was eine Pferdestärke genau ist beziehungsweise wie sie sich anfühlt, ist dann für beide gleichermaßen interessant, genauso wie die Haflinger Pferde endlich live zu sehen, was spätestens bei St. Kathrein der Fall ist. Bis zur dortigen Kirche sollte man des Blickes wegen unbedingt noch weiterlaufen.

Die Haflinger sind Zuchtpferde, die auf Saumtiere des Tschögglbergs zurückgehen. Dieser war jahrhundertelang nur über Gebirgspfade zugänglich, weshalb es geeignete Lasttiere brauchte. Haflinger sind vergleichsweise klein und gedrungen geraten, weil das Futterangebot begrenzt war. Die gutmütigen Tiere erreichen Widerristhöhen – das ist der Übergang von der Schulter zum Nacken – von lediglich 140 bis 155 Zentimetern.

Adresse 39010 Hafling | ÖPNV Bus 225, Haltestelle Hafling Dorf | Tipp Von St. Kathrein ist es nur ein Katzensprung hinauf zum idyllischen Sulfner See, an dem ein Naturlehrpfad entlangführt.

11 Die Kirche St. Kathrein
Haflings Wahrzeichen

Haflings Wahrzeichen befindet sich nicht im Ortskern, sondern ein wenig darunter auf offenem Feld beziehungsweise auf einer Hügelkuppe weit über dem Talboden. Dort steht auf über 1.200 Metern die Kirche »St. Kathrein in der Scharte« und gibt mit der Texelgruppe im Hintergrund ein beliebtes Postkartenmotiv ab – zu jeder Jahreszeit. Die Stelle ist so exponiert, wie sie wirkt. In den 1930er Jahren des letzten Jahrhunderts wurde der wuchtige Kirchturm durch Blitzschlag schwer beschädigt. Umfassend renoviert wurden Kirchenschiff und Turm letztmals 1999.

Der Standort ist höchstwahrscheinlich einer heidnischen Kultstätte geschuldet, einem Kraftplatz, der im 12. Jahrhundert von einem ersten Sakralbau in Beschlag genommen wurde. Dieser brannte jedoch ab, bis 1452 ersetzte man ihn durch den erhaltenen gotischen Steinbau. Zahlreiche Legenden ranken sich um die Kirche, eine erzählt, Riesen seien beim Bau behilflich gewesen und hätten unter anderem Steine und Felsen herangeschafft. Wie zum Beweis liegt ein solcher noch heute in der Wiese – unterhalb der Kirche beim Hotel Sulfner unweit der Straße.

Im Sommerhalbjahr lässt sich durch das Portal ein Blick ins Kircheninnere erhaschen, Führungen finden unregelmäßig und nur montags statt. Ein paar Fresken, die das Martyrium der Namenspatronin thematisieren, gäbe es drinnen zu sehen, ferner Johannes den Täufer als bildliche Darstellung, den heiligen Florian als Schnitzfigur, einen spätgotischen Flügelaltar und das Kreuzrippengewölbe. Das alles erscheint im Vergleich nicht so wichtig, denn wie bei jeder herausragenden Immobilie geht es bei St. Kathrein vor allem um die Lage. Die ist für sich allein schon phänomenal, aber es kann passieren, dass auf der Koppel rund um die Kirche zu allem Überfluss Haflinger-Pferde Auslauf haben. Dann ist die mythische Anmutung des Kirchengebäudes perfekt, das übrigens auch und gerade im Winter etwas Magisches hat.

Adresse St. Kathreinstraße, 39010 Hafling | **ÖPNV** Bus 225, Haltestelle St. Kathrein, von dort zu Fuß der Abzweigung hinauf folgen, Kirche nach zwei Kehren in Sicht | **Öffnungszeiten** Kirchenführungen Ende Mai–Anfang Nov. jeden 2. Mo 16 Uhr, Juli, Aug. jeden Mo, Info und Anmeldung unter Tel. +39/0473/279457, ansonsten nur von außen | **Tipp** Am nahen Bildstock am alten Haflinger Weg (Nummer 2B) wurde bis in die 1950er Jahre von jedem, der den beschwerlichen Weg nach Meran vor oder gerade hinter sich hatte, ein Vaterunser aufgesagt.

12 Die Musterseilbahn
Wegweisend

Bis zum Bau der Straßenverbindung Anfang der 1980er Jahre war die Seilbahn ab Meran-Obermais das einzige Verkehrsmittel hinauf nach Hafling. 1984 wurde der Betrieb schließlich eingestellt, heute sind nur wenige Hinweise auf die historische Verbindung erhalten, so zum Beispiel die in ein ziemlich exponiertes Wohnhaus transformierte Bergstation. Von dort sieht man auf Meran und damit auf die gewagte Trassenführung der ersten modernen Seilschwebebahn der Welt hinunter – auch wenn die Schneise heute verwachsen ist.

Zwar kommt der Seilbahn nach Kohlern bei Bozen der Ruhm zu, als erste Personenseilbahn der Welt Sommerfrischler auf über 1.000 Meter befördert zu haben. Was aber an den lawinengefährdeten Steilhang bei Hafling gebaut wurde, hatte eine andere Qualität. Gerade die topografischen Schwierigkeiten hatten den Ingenieur Luis Zuegg aus Lana auf die Idee gebracht, mit einer strafferen Seilspannung zu arbeiten. Deshalb kam er auf der 2.300 Meter langen Strecke mit nur drei Stützpfeilern aus. Dadurch wiederum ließ sich die Beförderungsgeschwindigkeit massiv erhöhen.

Die Seilbahn nach Hafling konnte im Oktober 1923 eröffnet werden und trug maßgeblich zum Aufschwung des Tourismus in Meran bei. Erstmals konnten Skifahrer höhere Lagen ohne große Mühen erreichen: Wintersport wurde massentauglich! Erst die Anbindung von Hafling an das Tal brachte dort oben wirtschaftlichen Aufschwung durch den Tourismus. Zwar war Südtirol längst für Kuraufenthalte und Sommerfrische bekannt und Meran als Kurstadt etabliert, doch Bergdörfer wie Hafling waren aufgrund des beschwerlichen und langwierigen Aufstiegs von der Entwicklung vollständig ausgeschlossen geblieben. Der Bau von Seilbahnen veränderte dies nicht nur in Hafling, sondern in der Folge im gesamten Alpenraum. Denn die technischen Innovationen von Luis Zuegg machten überregional Schule, seine Seilbahn nach Hafling galt als wegweisend.

Adresse St. Kathreinstraße, 39010 Hafling | ÖPNV Bus 225, Haltestelle St. Kathrein, von dort zu Fuß der Abzweigung hinauf folgen, an der Kirche vorbei und zum untersten Wohnhaus | Tipp Den alten Weg hinunter nach Meran gibt es noch immer, und er ist beschildert. Man braucht ein bisschen Zeit, aber es lohnt sich!

13 Die Wellnessoase
Über den Dingen schweben

Das Boutiquehotel Miramonti wirbt mit dem Slogan »Schwer zu finden, schwer zu vergessen«, und das aus gutem Grund. Die 44 Unterkünfte des kleinen Komplexes befinden sich auf über 1.200 Metern Höhe direkt am Waldrand – und zum Teil auch mittendrin. Ob im Loft, in einer der Lodges oder im Gästezimmer: Der Panoramablick ist unvermeidbar. Das gesamte Hotel, von der Architektur über die Inneneinrichtung bis hin zur ambitionierten Küche, ist ein bemerkenswerter Rückzugsort und einen Besuch absolut wert.

Der Spa-Bereich ist da keine Ausnahme und steht ebenso wie die Stube, die Sonnenterrasse und die Osteria auch Tagesgästen offen – für das Panoramarestaurant mit seinen lediglich 26 Plätzen braucht es jedoch eine Reservierung. Die Wellnesslandschaft ist wirklich beeindruckend und bietet samt der herrlichen Einbettung in die alpine Natur atemberaubende Aussichten, entweder über Wiesen und ins Tal oder auf Bäume und Bergwald. Der Infinitypool, gefüllt mit warmem Salzwasser, ist teilweise überdacht, sodass schlechtes Wetter kein Hindernis darstellt. Der »Onsen Pool«, das ganze Jahr über auf 40 Grad beheizt, vereint japanische Badekunst und alpine Erholung. Die »Wald Sauna«, die samt eigenem Whirlpool mitten im Bergwald auf Stelen steht, ist über 36 Stufen erreichbar und damit etwa 20 Meter höher gelegen als das Haupthaus. Gymnastik, Yoga und die »Fünf Tibeter« werden von der hauseigenen Yogalehrerin im sogenannten »Activity House« angeboten, das ebenfalls in den Wald gebaut wurde und am Felsen lehnt. Die Kurse sowie Anwendungen wie Massagen oder Heilschlammbehandlungen lassen sich vorab zubuchen.

Der Begriff Wellnesslandschaft trifft in diesem Fall also voll und ganz ins Schwarze. Das Miramonti bietet nicht nur die Annehmlichkeiten eines Fünf-Sterne-Boutiquehotels, sondern ist auch eine Wellnessoase im Wortsinn. Und das inmitten der einzigartigen Bergnatur hoch über Meran.

Adresse Miramonti Boutique Hotel, St. Kathreinstraße 14, 39010 Hafling, www.hotel-miramonti.it | **ÖPNV** Bus 225, Haltestelle St. Kathrein, von dort zu Fuß der Abzweigung hinauf folgen | **Öffnungszeiten** Infinitypool täglich 7.30–20 Uhr, Spa-Bereich ab 12 Uhr, Behandlungstermine online buchbar | **Tipp** In St. Kathrein befindet sich die Haflinger-Aufzuchtstation. An der Koppel kommt man direkt vorbei.

14 Die Wurzeralm
Die schönste Hütte Südtirols

Die Wurzeralm ist das Refugium von etwa 100 Kühen und 20 Pferden, derer sich Wirtsfamilie Kofler über den Sommer annimmt. Dazu kommen 3 Hängebauchschweine, junge Katzen und 9 zutrauliche Schafe sowie Meerschweinchen als dauerhafte Bewohner der Alm. Es ist also richtig was los auf über 1.700 Metern jenseits von Hafling. Die Hütte liegt nicht mehr im Wandergebiet Meran 2000, sondern südlich davon in Richtung des Völlaner Jochs und der Stoanernen Mandln – also abseits vom ganz großen Zirkus.

Die Wurzeralm wurde einst als schönste Almhütte Südtirols ausgezeichnet und hat seitdem nichts von ihrem Charme eingebüßt. Im Gegenteil: Große Holztische zieren die Terrasse zur einen Seite hin, Liegestühle stehen auf der anderen. Die rustikale Almhütte ist geblieben und wurde nicht erweitert. So grenzt an ein Wunder, was die kleine Küche verlässt. Ob selbst gebackenes Brot, Jausenplatte oder Kaiserschmarrn, die Küche versteht nicht nur ihr Handwerk, sie stellt manch andere Almwirtschaft mühelos in den Schatten. Stoßzeiten gibt es auch hier, aber insgesamt bleibt die Atmosphäre tiefenentspannt.

Ringsum liegen die Weidegründe, dahinter erhebt sich fotogen die Texelgruppe, und zur anderen Seite ragen die Bergketten jenseits der Etsch auf. Dieses Idyll hat man sich vergleichsweise schnell erarbeitet. Ab Hafling führt ein gut markierter Wanderweg (Nummer 2) über Wurzelpfade und durch Lärchenwälder hinauf. In 1,5 Stunden werden auf 5 Kilometern 500 Höhenmeter überwunden, das ist auch mit Jugendlichen gut machbar. Alternativ nimmt man den Lift nach Meran 2000 und läuft auf dem Fernwanderweg E5 bis zum Abstieg über den Weg Nummer 5, der alsbald als Nummer 2 zur Wurzeralm führt, das sind gut acht Kilometer und nur 360 Höhenmeter. Wer das Auto stehen lässt und mit öffentlichen Verkehrsmitteln anreist, kann beide Wege auf das Schönste verbinden und es sich zwischendrin auf der Wurzeralm gut gehen lassen.

Adresse Wurzerweg 38, 39010 Hafling, www.wurzer-alm.com | **ÖPNV** Bus 225, Haltestelle Hafling Dorf, von dort 40 Minuten, Einstieg in den Wanderweg Nummer 2 direkt an der Haltestelle | **Öffnungszeiten** täglich außer Fr 9–17 Uhr | **Tipp** Mit Proviant und Getränken kann man sich in Hafling beim Despar eindecken.

15 — Das Schloss Juval
Wo die Legende wohnt

Vor über drei Jahrzehnten erwarb die Südtiroler Bergsteigerlegende Reinhold Messner eine verfallene Burganlage am Eingang zum Schnalstal und rettete sie vor dem Ruin: Schloss Juval wurde zu seinem Wohnsitz umgestaltet.

Ursprünglich bewohnte Messner das Schloss mit seiner Familie im Sommer, im Herbst und Frühling wurde es als eines von sechs Messner Mountain Museen für Besucher geöffnet. Es ist dem Mythos Berg beziehungsweise der religiösen Dimension der Berge gewidmet. Inzwischen sind die Ausstellungsräume auch im Juli und August zugänglich. Dort findet man eine umfassende Sammlung an Masken, einen Tantra-Raum, tibetische und hinduistische Devotionalien sowie Messners Abenteuer-Bibliothek – wobei es nicht die Exponate selbst sind, die den Reiz ausmachen. Vielmehr ist es das Zusammenspiel moderner Architektur mit mittelalterlichem Gemäuer und exotischen Gegenständen, das das Spannungsverhältnis widerspiegelt, das Messners Bergsteigerleben ausmachte. Es sind also zwei Legenden, denen man auf Schloss Juval nachspürt: jene der Berge und jene des Bergsteigers Messner.

Messner soll sich aufgrund der fast 100-jährigen Himalaya-Zedern im Schlosshof für Juval entschieden haben. Etwa 30.000 Euro hat ihn das erhabene Anwesen auf fast 1.000 Metern – laut Messner einem Adlerhorst gleich – gekostet, die Renovierung und Ausgestaltung schlugen freilich mit einem Vielfachen zu Buche: Der Burghof wurde neu gestaltet, der verlassene Bauernhof zu Füßen des Felssporns wiederbelebt und eine verwachsene Apfelplantage zu einem Weingarten umgewandelt. Die Produkte können im Schlossladen erworben werden.

Der Name Juval bezieht sich übrigens nicht auf Jupiter, wie man manchmal hört, sondern kommt vom Lateinischen »iugum vallis« – was »Joch« oder »Kamm« bedeutet und auf den Übergang zwischen Etsch- und Schnalstal verweist, den die Burg bewacht.

Adresse Juval 1, 39020 Kastelbell, www.messner-mountain-museum.it | ÖPNV Bus 251, Haltestelle Schnalstal, von dort eine Stunde zu Fuß | Öffnungszeiten Sommerhalbjahr Do–Di 10–17 Uhr | Tipp Fast unbekannt und nahezu unbegangen ist der nahe Tscharser Waalweg – ganz im Gegensatz zu den Waalwegen rund um Meran.

16 — Das Traktorenmuseum
Porsche für alle!

Es ist nicht vermessen zu behaupten, im Örtchen Kuens im Passeiertal herrsche dauerhaft die höchste Porschedichte Südtirols. Aber nicht etwa wegen eines Edelclubs, eines hippen Restaurants oder ansässiger Zahnärzte. Nein, es handelt sich um fast 50 feuerrote Porsche-Traktoren, die Franz Laimer Pixner senior auf dem Ungericht Hof, untergebracht hat. Alle sind auf das Schönste renoviert und Teil eines Traktorenmuseums mit insgesamt über 60 Exponaten. Der älteste Traktor ist eine Motomeccanica Balilla aus dem Jahr 1929.

Schuld ist der Hüttenbauer Kleon, denn in dessen roten Traktor hat sich der junge Pixner mit neun Jahren verliebt. Und dann hat er irgendwann angefangen zu sammeln und nicht mehr aufgehört. Wohingegen Porsche sehr wohl aufgehört hat, Traktoren zu bauen, nämlich bereits 1963, als 120.000 Stück produziert waren. Für die verschiedenen Baureihen werden heute je nach Zustand bis zu 25.000 Euro bezahlt. Bei Pixner steht also einiges an Wert herum. Dennoch öffnet er sein privates Museum mit freiem Eintritt und gibt jeden ersten Freitag im Monat unbezahlt eine Führung.

Das Museum ist gewissermaßen die private Schrulle eines ansonsten florierenden Bauernhofes, der aufgrund des Gasthofs und des nahen Kuenser Waalwegs ein beliebtes Ausflugsziel darstellt. Auch wenn die Sonnenterrasse bei schönem Wetter die erste Wahl ist, sollte man einen Blick in die kleine Stube nicht verpassen. Die Ausgestaltung stammt noch von 1768! Spielplatz und Streichelzoo komplettieren das Ensemble.

Pixner hat aber noch eine weitere Sammelleidenschaft, mit der er den Südtiroler Spagat zwischen alpenländischer und italienischer Kultur lebt: Vespas. Etwa 35 Stück tummeln sich auf dem Hof, eine davon mit Beiwagen, außerdem eine Vespa »Struzzo« von 1956 – wegen des auf dem Lenker montierten Scheinwerfers »Vogel Strauß« getauft. Frau Pixner sammelt übrigens auch: Schildkröt-Puppen.

Adresse Ungericht Hof, Kuenserstraße 55, 39010 Kuens, www.ungerichthof.it | **ÖPNV** von Dorf Tirol Bus 223 bis Ungericht, von Meran Bus 240 bis Haltestelle Kuenserhof, von dort 30 Minuten zu Fuß | **Öffnungszeiten** Gasthof inklusive Museum: Di – So 11 – 23 Uhr | **Tipp** Neben dem Kuenser Waalweg gibt es auch den sogenannten Besinnungsweg. Dabei handelt es sich um einen kurzen Wallfahrtsweg zur Marienkirche.

17 — Das Apfelmuseum
Nicht weit vom Stamm

»Obstbaumuseum« heißt es zwar offiziell, aber in Lana reden alle nur vom »Apfelmuseum« – nach der Frucht, die, von Weintrauben einmal abgesehen, ganz offensichtlich die Hauptrolle in Südtirol spielt. Mit fast 200 Quadratkilometern gilt Südtirol als das größte zusammenhängende Obstanbaugebiet Europas, sechs Milliarden Äpfel werden hier Jahr für Jahr geerntet! Kein Wunder, dass diesem Star der Südtiroler Wirtschaft ein ganzes Museum gewidmet ist.

Aber was heißt hier Star – es handelt sich eigentlich um ein ganzes Ensemble. Angefangen mit alten Kultursorten wie Jonathan, Gravensteiner oder Champagnerrennette, die fast vollständig verschwunden sind, über Klassiker aus den 1970er Jahren wie Granny Smith und Red Delicious bis hin zu den zeitgenössischen Jungstars wie Fuji und Pink Lady.

Seit 1990 residiert das Museum im burgähnlichen Anwesen Larchgut in Niederlana. Auf 2.000 Quadratmetern dokumentiert es die historische Entwicklung des Obstbaus in der Region und ermöglicht einen Einblick in die Welt des Apfelanbaus von früher bis heute. Ursprünglich wurden Apfelbäume rund um die Höfe zur Selbstversorgung angepflanzt. Erst durch die Trockenlegung von Feuchtgebieten und Flussregulierungen wurde der Platz und damit die Grundlage für Erwerbsobstanbau geschaffen. Der Anschluss an das internationale Schienennetz Ende des 19. Jahrhunderts erschloss Absatzmärkte, erste Obstgenossenschaften und Vermarktungsbetriebe wurden gegründet.

Das Anbaugebiet wächst bis heute, ebenso der Pestizideinsatz – aber darüber schweigt das Museum und widmet sich stattdessen dem Apfel als Kulturgut. Vom Pflanzenschutz erwähnt man nur die malerischen Varianten wie zum Beispiel die Frostberegnung, nicht aber jene 38 Pestizideinsätze innerhalb eines einzigen Jahres, die der Bayerische Rundfunk unlängst einem Betrieb im Vinschgau nachgewiesen hat und die als nicht untypisch gelten.

Adresse Brandiswaalweg 4, 39011 Lana | **ÖPNV** Bus 211, Haltestelle Lana Pomus, von dort knapp einen Kilometer zu Fuß | **Öffnungszeiten** 25. März–7. Nov. Mo–Fr 10–17 Uhr, So und Feiertage 12–17 Uhr | **Tipp** Über den Brandiswaalweg kommt man in der einen Richtung zu einem Wasserfall, in der anderen zurück zum Stadtkern.

LANA

18 Das Bauernmuseum
Von ihrer Hände Arbeit

Karg und mühsam gestaltete sich das Leben der Bergbauern, bevor der Tourismus neue Einnahmequellen erschloss und Technik auch am Berg zum Einsatz kam. Wie karg und wie mühsam es war, davon erzählt das Bauernmuseum im Luftkurort Völlan zahlreiche Geschichten. Eine komplett im Original erhaltene Bauernstube vergegenwärtigt das Zusammensitzen im Anschluss an den Arbeitstag, ein ganzer Raum steht voller Feldwerkzeug, im Obergeschoss zeugen Spinnräder und Webrahmen von den Mühen der Frauen. Das Leben der Bauern war ein einziger entsetzlich langer Werktag, unterbrochen nur von der Nacht und vom Winter.

Horst Gießner, ein Münchner, der mit Völlan sein Sommerziel gefunden hatte, war maßgeblich am Aufbau des Museums in den 1970er Jahren beteiligt. Er soll die Idee gehabt haben, ein gerade renoviertes Nebengebäude des Pfarrhauses für eine Ausstellung von Alltagsgerätschaften zu nutzen. Sowohl im Pfarrer Rudolf Lantschner als auch im Heimatpfleger Karl Frei fand er Gleichgesinnte, und das Museum konnte 1977 eröffnet werden. Das Gebäude hat selbst eine bäuerliche Geschichte, diente einst als Schweinestall, Holzlege und Waschküche und beheimatete zudem die Backstube. Heute wird das Museum vom eigens gegründeten Museumsverein Völlan geführt.

Ein großes Glück ist es, dass damals zahlreiche Alltagsgegenstände, die heute komplett verschwunden sind, noch ohne viel Mühe zusammengetragen werden konnten. Der Haupteindruck, den man aus dem Museum mitnimmt, ist denn auch ein ästhetischer. Wie beruhigend ist es doch, wenn der Blick auf Farben und Materialien fällt, die der direkten Umgebung zu entstammen scheinen. Wenn Plastik und Industrieware gänzlich fehlen! So entbehrungsreich das Leben der Bauern gewesen sein muss, anheimelnd wirkt es dennoch.

Völlan lebt heute noch vom Obstanbau und von den großen Kastanienhainen, wenngleich viele Bauern nur noch im Nebenerwerb tätig sind.

Adresse Badlweg 2, 39011 Lana | **ÖPNV** Bus 211, Haltestelle Lana Busbahnhof, von dort Bus 214 bis zum Vereinshaus in Völlan | **Öffnungszeiten** Di, Fr 15–17 Uhr | **Tipp** Etwa eine Stunde braucht man von Völlan hinauf zum romanischen Kirchlein St. Hippolyt. Von oben genießt man einen großartigen Blick über Lana und Meran.

19 Die Caffeebar Kuntrawant
Gut geschmuggelt

Auch in Südtirol gibt es kleine Röstereien, die sich der Marktmacht der italienischen Espressoröstereien erfolgreich widersetzen und ihre Nische gefunden haben. Kuntrawant in Lana betreibt sogar ein eigenes Kaffeehaus, wo man die hauseigenen Spezialitäten probieren kann.

Als »Kuntrawant« bezeichnet man vor allem im Vinschgau das Schmuggeln. Der Begriff ist an das italienische »contrabando« angelehnt – meint also »entgegen dem Bann«, gegen die Verfügung beziehungsweise das Gesetz. Und darauf verstand man sich im Vinschgau über Jahrhunderte hervorragend. An Bedeutung gewann der Schmuggel Anfang des 19. Jahrhunderts während der sogenannten Kontinentalsperre. Napoleon hatte den französisch besetzten oder kontrollierten Staaten jeglichen Handel mit England und dessen Verbündeten verboten. Die Folge waren die Verknappung von Luxusgütern oder aber enorme Preisgefälle.

Geschmuggelt ist natürlich nichts am heutigen Kaffee, aber ein bisschen rebellisch ist man im Kuntrawant schon. Und zwar in dem Sinn, dass man am »guten Alten« festhält. Es wird in kleinen Chargen geröstet, und zwar im traditionellen Trommelröstverfahren, das zeitaufwendiger ist als industrielle Methoden, aber die Aromenvielfalt der Kaffeebohne umso besser zur Geltung bringt.

Das stilvolle Café ist in die kleine Rösterei integriert, sodass man einen ausgezeichneten Einblick in die Welt der Kaffeeröstung erhält und vor allem die Gerüche aufnimmt. Frisch gerösteter Kaffee duftet ganz anders als frisch aufgebrühter. Vor Ort vermählen sich beide Aromapaletten, und die verschiedenen Kaffeesorten können auch gleich erworben werden. Allerlei Accessoires gibt es darüber hinaus auch noch, zum Beispiel original Kaffee-Jutesäcke zum Spottpreis. Oder etwa eine schicke Tasche mit der Aufschrift »Schmuggelware« – mit der fällt man bestimmt auf, nicht nur an der Grenze.

Adresse Josef-Aigner-Straße 2, 39011 Lana, www.kuntrawant.com | **ÖPNV** Bus 201, 211, 215, Haltestelle Lido Lana | **Öffnungszeiten** Mo–Fr 7.30–20 Uhr, Sa 9–18 Uhr | **Tipp** Gegenüber der Rösterei liegen unübersehbar die Lagerhallen der Obstgenossenschaft Pomus Lana. Hier kann man zuschauen, wie Lkws mit Südtiroler Äpfeln in alle Welt geschickt werden.

20 Das Falschauer Biotop
Reste vom Delta

In Südtirol ist Talboden knapp, und zwischen versiegelten Flächen, Weingärten, Apfelplantagen, begradigten Wildbächen und trockengelegten Auen bleibt wenig Raum für die wilde Seite der Natur. In einem Plädoyer für den Erhalt des Falschauerdeltas hieß es schon 1982: »Die Erhaltung dieser selten gewordenen Lebensräume bedeutet nicht zuletzt eine Bereicherung der sonst weitgehend monotonen und ausgeräumten Landschaft.«

Die Mündung der Falschauer in die Etsch bei Lana bildet ein kleines, dreieckiges, geschütztes Feuchtbiotop, das teilweise zu Fuß zugänglich ist. Dieses Feuchtgebiet erstreckt sich entlang einer der wichtigsten Vogelzuglinien im Alpenraum. Vor wenigen Jahrzehnten formten die Auen ein etwa einen Quadratkilometer großes Delta mit zahlreichen ökologischen Nischen. Umweltschützer setzten sich früh für den Schutz dieses Streifens ein, was letztlich erfolgreich war, obwohl das Biotop zwischen Industriegebiet, Autobahn und einem Zementhersteller eingeklemmt ist. Das Engagement der Naturschützer von 1982 kam also keine Sekunde zu früh, ihnen ist es zu verdanken, dass das Biotop zumindest zum Teil erhalten ist und heute geschützt wird. Zugänglich ist es über den Aichweg von Lana aus sowie den Fußweg am Bikepark Lana.

Die Falschauer schwillt im Winter und Frühjahr an und wird zum kräftigen Strom. Sie bildete über die Jahrtausende einen Schutt- und Schwemmkegel, indem sie groben Moränenschotter und feinen Schluff aus dem Ultental ins flache Haupttal transportierte und das mitgeführte Material dort ablagerte. Vom eigenen Schutt ausgebremst, schuf sich der Wildbach ein breites, vielarmiges Delta und lagerte ständig neues Material ab, das alte Arme versperrte, sodass sich der Bach neue Wege suchen musste. Ungefähr so muss man sich große Teile des Etschtals noch vor wenigen Jahrhunderten vorstellen: sumpfig, wasserreich, unzulänglich. Die Wasser sind längst gezähmt, die Wildbäche verbaut und Hochwasserkatastrophen weitgehend gebannt.

Adresse 39011 Lana | ÖPNV Bus 201 bis Sinich, Haltestelle SunEdison, dann zu Fuß über die Etschbrücke | Tipp Der Aichweg verbindet Lana mit dem Industriegebiet und folgt dem Lauf der Falschauer, sodass man auch von Lana aus hinunterwandern kann.

21 Die Gärtnerei Galanthus
Kulturpflanzen im Wortsinn

Von wegen Gärtnerei – eine grüne Oase ist das, was da im Zentrum von Lana entstanden ist. Klar lassen sich dort Pflanzen kaufen, das ist das Geschäftsmodell einer Gärtnerei, aber Galanthus bietet so viel mehr. Ein Ort der Begegnung und der Inspiration will man sein.

Da ist zum Beispiel der revitalisierte Klostergarten, den die Gärtnerei seit 2003 hegt und pflegt und vor allem öffentlich zugänglich gemacht hat. Einst gehörte der Garten zum Konvent des Deutschen Ordens, er wurde samt einem hölzernen Bienenhaus 1854 eingerichtet. Heute dient er der Gärtnerei auch zum Kräuteranbau, das Bienenhaus ist zur Leseecke samt kleiner Bibliothek mutiert.

Das alte Glashaus von 1909 ist zwar in Betrieb, hier überwintern empfindliche Pflanzensorten, es kann jedoch aus Sicherheitsgründen (noch) nicht besucht werden. Wohl aber das neue, wobei es sich dabei eher um einen Komplex handelt als um ein simples Gewächshaus. Dort befindet sich die Verkaufsausstellung von Blumen, Zimmer- und Zierpflanzen, Gartenmobiliar und Accessoires. Alles ist sorgsam arrangiert, mit Sitzmöglichkeiten garniert und nach ästhetischen Gesichtspunkten geordnet, wie auch der anschließende große Freilandbereich.

Der wirkt ein bisschen wie ein barocker Park, die Wege sind verschlungen, vermeiden jeden rechten Winkeln und führen im Kreis herum, obwohl es sich doch um die Baumschule handelt und grundsätzlich alles, was sich dem Auge hier bietet, auch käuflich ist. Bis auf die Indischen Laufenten natürlich, die gehören ebenso zum Inventar wie die Zwerghühner, die schwarze Katze Mimi und Luna, die Hündin der Chefin. Und als wäre nicht schon genug Leben in der Bude, veranstaltet die Gärtnerei Galanthus regelmäßig Vorträge oder kulturelle Darbietungen.

Galanthus ist übrigens nicht der Familienname, sondern die alte Bezeichnung für Schneeglöckchen. Dies soll für Aufbruch und Frühlingserwachen stehen.

Adresse Erzherzog-Eugen-Straße 3, 39011 Lana, www.galanthus.it | **ÖPNV** Bus 211, Haltestelle Lana Heilig-Kreuz-Kirche | **Öffnungszeiten** Mo–Fr 8–12.30 und 14.30–18 Uhr, Sa 8–12.30 | **Tipp** Der Pfefferlechner gegenüber der Heilig-Kreuz-Kirche braut selbst und unterhält einen rustikal-romantischen Biergarten. Es gibt hier unter anderem Spareribs, Haxen und Burger.

22 Die Gaulpromenade
Into the wild

Von Oberlana aus gelangt man nach wenigen Schritten in eine umfassende, ursprüngliche, ja dschungelartige Wildnis: die Gaulschlucht. Am Ausgang des Ultentals fräst sich die Falschauer durch den Berg und gräbt eine schroffe Schlucht in die Felsen. Schon 1889 machte man diesen Einschnitt nutzbar und stattete ihn mit einer Promenade aus.

Einen Kilometer geht es von der Falschauerbrücke und damit vom Dorfzentrum wie auf einer Stichstraße mitten in die Schlucht hinein. Initiator und Finanzier des in den Fels gesprengten Weges beziehungsweise der ersten »Erholungspromenade« Lanas war Alois Stauder. Der Wirt und Tourismuspionier der kleinen Stadt erlag allerdings noch im Jahr der Erbauung einem Schlaganfall und erlebte den Erfolg seines Projektes nicht mehr mit. Stauder hatte eine Idee wiederaufgenommen, die der Alpenverein 1876 ohne Erfolg umzusetzen versucht hatte. Schon damals war ein Steg in die Schlucht hineingebaut worden, um die gewaltige Naturkulisse zugänglich zu machen. Die Kraft der Falschauer hatte diesen jedoch alsbald zerstört und weggespült. Der Pegelstand des Gebirgsbachs kann sich in kürzester Zeit dramatisch ändern, sodass auch heute vor einem Gang zum Bachbett eindringlich gewarnt wird.

Asphaltiert ist der Weg bis heute nicht, aber breit und eben genug und zudem gut gesichert. Die Hauptattraktion sind neben der Natur und dem Bachgefälle zwei Hängebrücken und der kleine Wasserfall am Wegrand. Nach nicht einmal 1.000 Metern endet der Pfad vor einer engen Felsklamm, die aus Sicherheitsgründen abgesperrt wurde. Ursprünglich konnte man noch weiter in das Ultental vordringen.

Namensgebend für die Schlucht ist übrigens kein Reiter und kein Ross, sondern das italienische »gola«, was »Kehle« und damit so etwas wie »Schlund« bedeutet. Die Gola di Lana ist also der Schlund von Lana – oder wie es in älteren Quellen auch heißt: die Gaul von Lana.

Adresse Meraner Straße 12, 39011 Lana | **ÖPNV** Bus 210, Haltestelle Lana Busbahnhof, Einstieg nur wenige Meter weiter | **Öffnungszeiten** ganzjährig begehbar | **Tipp** Gegen Ende der Passage erlaubt eine Holzbrücke den Rückweg über das andere Ufer. Zudem kann man einen Blick auf das Eishockeyfeld werfen, das im Sommer natürlich nicht in Betrieb ist.

23 Der Schnatterpeck-Altar
Heilige Vielfalt!

Hans Schnatterpeck war ein Bildhauer aus Füssen, der 1479 nach Meran zog, dort eine Werkstatt eröffnete und 1492 Bürger der Stadt wurde. Ihm kommt südlich der Alpen etwa der Rang zu, den Tilman Riemenschneider im Norden innehat. Der Flügelaltar der spätgotischen Mariä-Himmelfahrt-Kirche in Niederlana ist schon deswegen Schnatterpecks wichtigstes Werk, weil es das einzige ist, das mit Sicherheit aus seiner Werkstatt stammt. Dies weiß man unter anderem, weil der Vertrag vorliegt: Schnatterpeck und seine Gesellen kassierten mit 1.600 Gulden den Gegenwert von etwa drei Bauernhöfen – damals eine hohe Summe, die in Raten gezahlt wurde. Weiterhin sind acht »Fuhren« Wein vermerkt, es dürfte sich um Ochsengespanne gehandelt haben, die vermutlich im Laufe der Arbeitszeit zwischen 1503 und 1509 geliefert wurden, sodass auch die Gesellen bei Laune blieben.

Retabeln nennt man Flügelaltäre, die Aufsätze auf den eigentlichen Altar darstellen und sich öffnen lassen. Der Schnatterpeck-Altar ist das größte Retabel des Alpenraums. Geöffnet misst das Werk gut 13 Meter in der Höhe und knapp 6,70 Meter in der Breite. Eine Überfülle an Figuren und geschnitzten Darstellungen ziert den Mittelschrein, die Predella und die Flügel: ein Wimmelbild aus dem Leben Jesu.

Geöffnet wurde der Altar jeweils zu hohen Kirchenfesten und Gottesdiensten, sonst blieben die Flügel geschlossen, die wiederum vom Maler Hans Schäufelein aus Nürnberg verziert wurden, einem Dürer-Schüler, der sich zwischen 1508 und 1510 in Südtirol aufhielt.

Es hat mit Glück und mit Volksfrömmigkeit zu tun, dass dieses Werk von Weltrang so erhalten blieb, wie es geschaffen wurde. Die Gemeinde war in der Folge schlicht zu klamm, um mit der Mode zu gehen und barocke Elemente einzubauen. Das Ansinnen eines Dekans Ende des 18. Jahrhunderts, den ganzen Altar durch eine Mariendarstellung zu ersetzen, scheiterte am Widerstand der Bevölkerung.

Adresse Pfarrkirche Mariä Himmelfahrt, Brandisweg 1, 39011 Lana | **ÖPNV** Bus 211, Haltestelle Lana Rathaus | **Öffnungszeiten** Kirche Anfang April – Ende Okt. nur im Rahmen von Führungen zugänglich, Mo – Sa jeweils 11 und 15 Uhr, im Juli und Aug. nur vormittags, Anmeldung per E-Mail an gruber.ida@alice.it; Aschermittwoch – Ostern Altar geschlossen | **Tipp** Der Ansitz Rosengarten nahe dem Rathaus hat seinen Namen vom mythischen Rosengarten des Königs Laurin, dessen Widerschein das Rosengarten-Gebirge darstellt.

24 Die Destillerie
Geistreich

Ignaz Unterthurner konnte auf sein Know-how aus der Schwarzbrennerei zurückgreifen, als er 1947 beschloss, eine kommerzielle Destillerie zu gründen. Deren Produkte sind so beeindruckend wie der Stammsitz im historischen Ansitz Priami in Marling. Das Beste: Dieser kann samt Enoteca und Ladengeschäft besucht werden, auch Führungen durch die Destillerie werden angeboten.

Destillate aus Südtirol haben einen hervorragenden Ruf, was der Qualität der regionalen Zutaten und dem hiesigen Quellwasser geschuldet ist. Über 60 Schnäpse, Brände und Liköre umfasst das Sortiment von Unterthurner heute, darunter Klassiker wie Grappa aus Lagrein, Rosenmuskateller, Gewürztraminer oder im Barrique Ausgebautes wie der Tyrol 36 Riserva, lokale Besonderheiten wie der »Waldler« aus Himbeeren oder so hocharomatische Spezialitäten wie der Marillenbrand. Die Liste muss noch fortgesetzt werden: Der Geist aus Walnuss und Haselnuss schmeckt, als könnte man ihn aufs Brot schmieren!

Im Unterschied zu Bränden werden Geiste vor dem Brennen mit den entsprechenden Zutaten mazeriert: Wal- und Haselnüsse werden in geschmacksneutralen Alkohol eingelegt, das Aroma geht auf den Alkohol über, dieser wird nach einiger Zeit destilliert. Durch die Zugabe von Wasser wird anschließend der Alkoholgehalt auf die gewünschten Volumenprozente heruntergedimmt. Früchte hingegen werden vergoren, sodass deren Maische anschließend direkt destilliert werden kann – Zucker wird während des Fermentationsprozesses in Alkohol umgewandelt, ganz so wie beim Wein. Bei Unterthurner kommen noch Liköre dazu, aus Kastanien und Zirben. Waldaroma zum Trinken – sagenhaft! Wobei Liköre nach dem Destillieren mit Zucker versetzt werden, was sie milder macht und den Alkoholgehalt senkt.

Aber noch mal zurück zum Ansitz Priami: Das alte Gebäudeensemble wurde kongenial durch einen Glasbau erweitert. Allein das lohnt den Besuch!

Adresse Anselm-Pattis-Straße 14, 39020 Marling, www.unterthurner.it | **ÖPNV** Bus 212 bis Marling, dann wenige Meter zu Fuß | **Öffnungszeiten** Enoteca und Shop: Mo–Fr 9–13 und 14–18 Uhr, Sa 9–13 Uhr (Führungen online buchbar) | **Tipp** Der Traubenwirt in der Innerhoferstraße versteht sich nicht nur auf die Zubereitung von Pasta und Pizza, er wartet auch mit einer bemerkenswerten Veranda mit Blick auf das Etschtal auf.

MARLING

25_Die Marlinger Runde
Am längsten Waal Südtirols

Der Marlinger Waalweg ist beliebt und weithin bekannt, der Höhenweg schon weniger. Deshalb wird häufig außer Acht gelassen, dass sich beide zu einem Rundweg kombinieren lassen, der kaum Wünsche offenlässt. Üblicherweise wird der Einstiegspunkt an der Töllschleuse gewählt, der Grenze zwischen Vinschgau und Burggrafenamt, am Anfang des mit über zwölf Kilometern längsten Waalwegs Südtirols.

Angelegt wurde der Wasserlauf von Mönchen. Das Karthäuserkloster im Schnalstal hatte 1619 den Marlinger Goidnerhof erworben und regte den Bau eines Bewässerungskanals an. Veranschlagt wurden 12.000 Gulden, das war mehr, als das Gut gekostet hatte. Die Gemeinde sollte sich beteiligen. 20 Jahre nahm die Arbeit am Kanal in Anspruch, erst 1753 konnte eine Teilstrecke bis Lebenberg in Betrieb genommen werden. Zwischenzeitlich waren die Kosten explodiert und auf 100.000 Gulden gestiegen! Später wurde der Wasserlauf bis Oberlana verlängert, er versorgt die Obstplantagen und das Kulturland bis heute. Allerdings wurden ab 1939 Teilbereiche in Beton gefasst oder durch Rohre geleitet.

Um auf den Höhenweg zu gelangen, biegt man schon vor Lana bei der Leitenschenke in die sogenannte Raffeinergasse ein und folgt ihr sanft bergan in Richtung Berggasthaus Heidenhof. Der Wanderpfad 33 führt direkt zum Höhenweg 35, dieser verläuft quer durch die Wälder des Nörderberges und am Ende wieder hinab zum Anfangsabschnitt des Waalwegs. Insgesamt kommen so gut 15 Kilometer zusammen, aber der Gang lässt sich auf knapp 8 Kilometer abkürzen, wenn man erst in Marling startet und schon am Gasthaus Tschigg über den Weg 33 vom Höhenweg zum Waalweg absteigt. Apropos Gasthof: Die gesamte Strecke ist mit Ausnahme der Waldpassagen dermaßen mit Einkehrmöglichkeiten gesegnet, dass man sich um Verpflegung keinerlei Sorgen machen muss. Schon an der Töllschleuse grüßt der Vinschgau mit einem äußert üppigen Obststand.

Adresse Ausgangspunkt Töllschleuse, 39020 Partschins | **ÖPNV** Bus 213, Haltestelle Schleuse Töll, Start des Weges direkt hinter der Brücke am anderen Ufer | **Tipp** Der Buschenschank Unterweihrachhof liegt höher am Hang und außer Sichtweite, deshalb wirbt er direkt an der Bushaltestelle mit einem originalen, leicht überdimensionierten Holzfass.

26 Die Panorama-Önothek
Tiefe Einblicke

Die Kellerei Meran ging 2010 aus dem Zusammenschluss der Marlinger Burggräfler Kellerei und der Meraner Kellerei hervor. In der Genossenschaft sind seither 350 Weinbaubetriebe organisiert und teilen sich die Kellerlogistik und den Vertrieb. Die Betriebe kommen sowohl aus dem Vinschgau als auch aus dem Meraner Land, also aus zwei benachbarten Gebieten, die unterschiedlicher nicht sein könnten. Im Vinschgau herrschen alpine Wetterbedingungen vor, die Weinberge sind steil, die Böden karg. Die sonnenverwöhnte Hügellandschaft rund um Meran hingegen hat mediterrane Züge. Beides prägt die jeweiligen Weine, die nach Terroir und Lagen gekeltert werden, also authentisch sind und die Charakteristika ihrer Herkunft tragen. Dafür sorgt Kellermeister Stefan Kapfinger.

Transparenz hat sich die Kellerei auf die Fahnen geschrieben, und dies zeigt sich auch im Neubau der Präsentationsräume von 2013. Die lichtdurchflutete Panorama-Önothek sattelte man einfach auf das alte Kellereigebäude drauf, indem das Dach abgenommen wurde. Deshalb genießen Besucher einerseits eine traumhafte Aussicht auf das Etschtal, andererseits befindet sich die Önothek aufgrund der Hanglage auf einer Ebene mit den rückwärtigen Parkplätzen. Der alte Sitz der Kellerei konnte so samt Fresken erhalten bleiben, der Glaspavillon setzt gleichwohl ein weithin sichtbares Ausrufezeichen. Ausgedacht hat sich diese Transformation der Architekt Werner Tscholl, der schon die Traminer Kellerei umgebaut hat.

Vier Weinlinien werden hier vinifiziert, darunter die Bergweine aus dem Vinschgau und die Einzellagen rund um Meran, ergänzt durch die sortenreinen, unkomplizierten Weine der »Festival«- und die ertragsreduzierten, eleganten der »Graf«-Linie. All das lässt sich vor Ort ebenso probieren und auf Herz und Nieren testen wie der hauseigene, im Champagnerverfahren 36 Monate auf der Flasche gereifte Sekt und die Destillate.

Adresse Kellereistraße 9, 39020 Marling, www.kellereimeran.it | **ÖPNV** Bus 212 ab Meran-Theaterplatz nach Marling, Haltestelle Tiefacker | **Öffnungszeiten** Mo – Fr 8 – 19 Uhr, Sa 8 – 18 Uhr | **Tipp** Wem das Bistro »Im Kult« zu designlastig ist, der bekommt gegenüber im »Happm Pappm« eine unprätentiöse Zwischenmahlzeit. Beide liegen an der Auffahrt zur MeBo, also auf dem Weg.

27 — Die Marmeladen-manufaktur
Marmelade oder Konfitüre?

Ursprünglich war es eine Notlösung. Bei ungünstigen Wetterverhältnissen im Martelltal verloren die Erdbeeren innerhalb weniger Tage an Frische und Qualität und damit auch an Wert. Deshalb begann Peter Seibstock, die frischen Früchte einzufrieren und später weiterzuverarbeiten, sie gewissermaßen zu veredeln. Aus der Not wurde also eine Tugend. Heute steht die Manufaktur im Ruf, die beste Erdbeermarmelade der Welt herzustellen. Was auch der Herkunft der Früchte geschuldet ist: Die Felder liegen in durchschnittlichen Höhenlagen von 1.300 Metern, was das Martelltal zu einem bedeutenden Anbaugebiet für schmackhafte Berg-Erdbeeren in Europa macht.

Längst wurde das Sortiment um zahllose andere Obst- und Beerensorten sowie um Sirupe, Chutneys und Sugos, also Pasta-Grundsoßen, erweitert – die Produktion aber ist bodenständig geblieben und hat das Martelltal nie verlassen. Seibstock fertigt zu 100 Prozent regional, er hat eine Kreislaufwirtschaft etabliert und setzt erneuerbare Energien ein. Die Kompromisslosigkeit und das Qualitätsbewusstsein der Seibstocks haben Tradition. Der Urgroßvater von Peter Seibstock verdingte sich als Gärtner in Schloss Trauttmansdorff und erhielt zusätzlich zum Lohn Restbestände von Obst zur Weiterverarbeitung und für den Verkauf. 1890 eröffnete er einen Verkaufsstand und schon 1906 ein Ladengeschäft in den Meraner Lauben.

Die Aufstriche der Manufaktur Seibstock enthalten einen besonders hohen Fruchtanteil, wodurch sie sich von herkömmlicher Marmelade abheben. Moment: Seit 2001 dürfen laut einer EU-Richtlinie nur noch Marmeladen aus Zitrusfrüchten auch so heißen. Alle anderen eingekochten Früchte werden automatisch als »Konfitüren« bezeichnet – was in Österreich und Südtirol zu Problemen führt, weil dort der Begriff Konfitüre zuvor nahezu unbekannt war und absolut alles als Marmelade bezeichnet wurde.

Adresse Trattla 246, 39020 Martell, www.seibstock-manufaktur.com | **ÖPNV** Regionalzug 250 bis Goldrain, von dort Bus 262 nach Martell | **Öffnungszeiten** Hofladen: Mo–Fr 8–12.30 Uhr | **Tipp** Okay, man fährt nicht allein wegen der Marmelade ins Martelltal, und sei sie noch so gut. Vielleicht aber, weil in der Nachbarschaft auch der Hofladen der Käserei Rainhof liegt? Oder weil das Tal einfach schön ist?

28 Das Arcus
Von Kaffee bis Franciacorta

Cafés gibt es in Meran ja wahrlich genug – all die spazierenden, flanierenden und windowshoppenden Gäste wollen ja zwischen Frühstück im Hotel, Mittagsjause im traditionellen Gasthof und gediegenem Abendessen im Restaurant irgendwo einkehren. Etwa eine Million Übernachtungen im Jahr zählt die Stadt.

Das Arcus passt perfekt für alle Tageszeiten. Das Angebot reicht vom kleinen Imbiss und Kaffee über ein Glas Wein bis zum fancy Cocktail. Das alles in eleganter, aber ungezwungener Atmosphäre, sowohl mit Bistrotischen draußen als auch Verweilmöglichkeiten unter dem alten, kühlen Gewölbe der Laubenarkaden, was an heißen Sommertagen eine Wohltat ist. Die Betreiber Evelyn und Thomas Schatzer sind Gastgeber aus Leidenschaft, und das merkt man dem freundlich-motivierten Team auch an.

Offiziell nennt sich das Arcus »Bar und Café«, aber »Bistro« hätte es vielleicht besser getroffen angesichts dessen, dass das prächtige Frühstücksangebot – ein Tipp ist das günstigste Ensemble »Klassisch« aus frisch gepresstem Saft, Cappuccino und hervorragendem Croissant – um diverse Baguettes, Piadine, Bruschette und Ciabatte ergänzt wird.

Das Arcus ist noch nicht sehr lange in Betrieb und will ein moderner Treffpunkt unter den historischen Arkaden werden – im Gegensatz zu den traditionelleren Einrichtungen, in denen es schon etwas steif zugehen kann und die kein sonderlich gemischtes Publikum anziehen. Mit der lockeren Atmosphäre und der kommunikativ-einladenden Art ist man auf dem allerbesten Weg. Vorbeizuschauen lohnt sich auch abends, dann knallen die Prosecco-Korken. Auch das champagner-artige Upgrade Franciacorta wird glasweise serviert, sodass das Arcus auch eine hervorragende Aperitifbar darstellt. Zeitgemäß sind zudem die Alternativen ohne Alkohol: zwei Spumantes, also flaschengereifte Produkte, vom Bozener Spezialisten Vinuci.

Adresse Laubengasse 50, 39012 Meran | **ÖPNV** Bus 3ME, Haltestelle Rennweg, fußläufig in der zentralen Laubengasse | **Öffnungszeiten** Mo–Sa 7–20 Uhr | **Tipp** Für einen Burger vom Fassona-Rind wechselt man einfach nach gegenüber in die Trattoria Flora, die ebenfalls im historischen Gewölbe beheimatet ist.

29 Der Borgo Vittoria
Vorstadt im Grünen

Borgo heißt auf Deutsch »Viertel«, und der Borgo Vittoria geht auf die Wirtschaftspolitik des faschistischen Italien zurück. In Südtirol wurde Industrie angesiedelt, denn aufgrund der Wasserkraftwerke gab es dafür genug Energie. Gleichzeitig holte man Arbeiter aus dem Süden des Landes, denn Südtirol sollte nicht nur entwickelt, sondern auch italienisiert werden. Der gesamte Ortsteil Sinich entstand durch diese Politik und erzählt noch heute davon. Als südlichster Stadtteil Merans ist seine Entstehungsgeschichte wohl einzigartig und ihm noch immer anzusehen, obwohl es die ursprüngliche Bebauung nicht mehr gibt.

Schon in den frühen 1920ern wurde das Sumpfland am Fluss trockengelegt, um Platz für die Ansiedlung des Düngemittelfabrikanten Montecatini zu schaffen. Der wiederum sorgte in Eigenregie für den Bau eines Wohnviertels samt Werksladen, Arbeiterküche, Schule und Kindergarten. Im Borgo Vittoria wohnten ausschließlich Werksarbeiter. Aus ihm ging schließlich der Ortsteil Sinich hervor, indem nach dem Zweiten Weltkrieg auf die ursprüngliche Flurbezeichnung zurückgegriffen wurde (italienisch: Sinigo).

Zunächst bezogen etwa 650 Arbeiter hier Quartier, daraus wurden bis Ende der 1930er Jahre rund 1.000. Montecatini ist mittlerweile Geschichte, fusionierte in den 1960er Jahren mit dem Edison-Konzern und verließ bald die Meraner Produktionsanlagen. Aus dem Areal direkt an der Etsch ist ein Industriegebiet geworden. Die Arbeitersiedlung wurde zwar überbaut, wirkt aber noch immer wie eine Trabantenstadt, die, auch weil sie im Grünen liegt, an Beliebtheit und Einwohnerzahl gewonnen hat.

Was von damals noch steht, ist die eigens vom Werk geschaffene St.-Justus-Kirche. Diese stammt wie der gesamte Vittorio-Veneto-Platz von 1928. Der kubusartige Baukörper der zweiten Kirche direkt daneben wurde erst 2003 errichtet, um der steigenden Einwohnerzahl gerecht zu werden.

Adresse Vittorio-Veneto-Platz, 39012 Meran | ÖPNV Bus 210, Haltestelle Vittorio-Veneto-Platz | Tipp Die Bäckerei Schmiedl am Vittorio-Veneto-Platz bäckt Vinschger Paarlbrot gänzlich ohne Weizenmehl und hervorragende Pistazien-Croissants.

30 Das Café Villa Bux
Kleine Zeitreise

Kleiner Ausflug in das Meran der Jahrhundertwende gefällig? Live und in Farbe? Lässt sich machen! Das Café Villa Bux geht auf das Jahr 1880 zurück, als es als »Canapé« schon Gäste empfing. Zwar wurde die Villa in den 1920er Jahren umgebaut, aber der Geist und große Teile des Mobiliars sind heute noch vorhanden beziehungsweise wurden durch andere Antiquitäten stilecht ergänzt oder ersetzt, sodass man hier in der Tat auf Zeitreise gehen kann. Und zwar nicht nur im Café, sondern auch in den Gästezimmern im selben Haus, die ebenfalls den Geist des Jugendstils atmen.

Unter Art nouveau oder Jugendstil versteht man die künstlerische Gegenbewegung zum seinerzeit als starr und unnatürlich empfundenen Historismus. Der Begriff geht auf die Zeitschrift »Jugend« zurück, die Künstlern der »Brücke« oder des »Blauen Reiters« eine Plattform bot. Kaffee wird es in der Villa Bux beziehungsweise dem Canapé damals wohl schon gegeben haben, kaum aber üppig belegte Bagels, süße Waffeln und Buddha Bowls, wie sie heute bis 11 Uhr à la carte angeboten werden. So mancher Meran-Besucher, der extra ein Apartment mit Küche angemietet hatte, um sich selbst zu verpflegen, gab den Gedanken nach der Entdeckung des Bux auf.

So richtig berühmt ist das Café aber für den Überraschungsbrunch. Den muss man vorbestellen, und dann macht die Küche, was sie will, sie trumpft so richtig auf. Wobei auch vegetarische oder vegane Varianten drin sind. Der Brunch ist kein Büfett, serviert wird am Tisch. Stil ist in »der Bux«, wie die Einheimischen sagen, selbstverständlich. Auch nachmittags bei Apfelkuchen, belegten Broten, einem mit Schmelzkäse getoasteten »Kamut-Börger-Brötchen« und den beliebten »Toasties« oder abends zur Aperitif-Zeit, wenn neben den Klassikern auch alkoholfreie Varianten kredenzt werden. Dafür sollte man allerdings früh genug dran sein, denn die Bux schließt schon um 19 Uhr. Dann zieht man einfach weiter in den Rennweg oder in die Laubengasse.

Adresse Karl-Wolf-Straße 19, 39012 Meran, www.cafe-villabux.it | **ÖPNV** Bus 3ME, 6ME, 211, Haltestelle Karl-Wolf-Parkplatz | **Öffnungszeiten** Mo–Fr 7.30–19 Uhr, Sa 8–14 Uhr | **Tipp** Vom *aperitivo* lässt es sich zum La Smorfia um die Ecke hinüberwechseln, ein modernes Lokal mit erstklassigen Pizzen neapolitanischer Art.

31 Der Country-Club
Merans Open-Air-Festival

Ganz Meran ist dem Kommerz unterworfen. Ganz Meran? Nein, ein von unbeugsamen Aktivisten betriebenes Projekt hört nicht auf, für Austausch zu sorgen und Kulturarbeit zu leisten. Der Ost-West-Club ist keine Randerscheinung, er sitzt im Herzen des Steinachviertels und stellt im Jahr über 200 Veranstaltungen (!) auf die Beine – von Workshops über Tanzabende und Poetry-Slams bis hin zur Bespielung des Marconi-Parks im Sommer. Wenn die Nächte lau werden, muss auch der Club raus, denn dann schließt das Kulturzentrum vorübergehend und zieht als »Country Club« samt Musik-, Getränke- und Speiseangebot ins Freie hinter den Marconi-Park.

Dort fristeten mit einer Minigolfanlage Hinterlassenschaften der 1980er Jahre ein unspektakuläres Dasein, bis 2017 der Club kam und dem Areal wieder Leben einhauchte. Eintritt wird keiner fällig, konsumieren muss niemand, der nicht will oder nicht kann. Für nichts bekommt man hier fast alles geboten: Auftritte und Livemusik, Sitzgelegenheiten am umlagerten Kiosk, Verweilmöglichkeiten am offenen Feuer. Für wenig mehr – jedenfalls weniger als sonst in Meran – gibt's den Hauswein und Bruschette obendrauf.

Der Ost-West-Club ist als Club, Veranstalter und Kulturinstitution nicht nur in Meran, sondern in ganz Südtirol eine Instanz, die ihresgleichen sucht. Der Verein agiert ohne Gewinnabsichten und versteht sich als politisch und konfessionell ungebunden. Ein Großteil der Ausgaben wird nicht etwa von staatlichen Zuwendungen getragen, sondern von den Beiträgen der über 1.500 Mitglieder und von Spenden. So können die Eintrittspreise niedrig gehalten werden, und man verwirklicht das erklärte Ziel, ein breites Publikum zu erreichen. Dies gilt freilich nicht nur für die Sommeraktivitäten im Marconi-Park, sondern gleichermaßen für die zahllosen Veranstaltungen und Aktivitäten rund um den Stammsitz in der Via Bersaglio.

Adresse Marconi-Park, Franz-Innerhofer-Straße 1, 39012 Meran, www.ostwest.it | **Öffnungszeiten** Park rund um die Uhr geöffnet, Aktivitäten siehe Website des Ost-West-Clubs; Ost-West-Club: Mi–Sa 18–1 Uhr | **Tipp** Unmittelbar am Park befindet sich mit dem Mairania 857 ein weiteres Kulturzentrum, das unter anderem Kinoabende veranstaltet (www.mairania857.org).

32 — Der ehemalige Kaiserhof
Grand Hotel und Hotelfachschule

Wie passend, dass die Landeshotelfachschule im ehemaligen Kaiserhof untergebracht ist, also im ehemaligen Grand Hotel von 1897. Das Hauptgebäude wurde im neoklassizistischen Stil erbaut und orientiert sich an der palastartigen Bäderarchitektur etwa von Bad Gastein, Marienbad oder Karlsbad. Von der Freiheitsstraße aus kann die Fassade in voller Pracht und samt ihrer barocken Elemente überblickt werden.

Der Bau umfasst ein Tief- und ein Hochparterre, darüber weitere drei Stockwerke samt Beletage sowie ein Dachgeschoss. Mit seinem prächtigen Mittelteil und den zwei Flügeln, die sich zum Park hin öffnen, strahlt das Gebäude den Glanz vergangener Zeiten aus. Die aufwendige Ornamentik und die Fassadengestaltung im Stil von Schloss Schönbrunn unterstreichen die Opulenz der Belle Époque noch.

Während der touristischen Hochphase zu Beginn des 20. Jahrhunderts war das Anwesen eine beliebte Anlaufstelle für entsprechend solvente Gäste, darunter natürlich Sisi, die Kaiserin von Österreich und Königin von Ungarn, die dort eine Traubenkur durchführte. Während ihres Aufenthalts vom 14. bis zum 27. September 1897 wurde sogar ein mit Teppichen ausgelegter Aufgang über die Treppe eigens für sie angelegt, sodass Sisi unbemerkt von den anderen Gästen dort ein und aus gehen konnte. Eine Marmortafel im Hochparterre erinnert bis heute an Sisis Aufenthalt. Das Treppenhaus ist komplett erhalten und wird vom Hochparterre bis in den vierten Stock von einem schmiedeeisernen Geländer eingefasst.

Im Anschluss an eine militärische Nutzung während des Ersten Weltkrieges wurde das Hotel im Jahr 1921 in »Excelsior« umbenannt und wechselte in der Folge mehrfach den Besitzer. 1974 erbarmte sich die Provinz Bozen, erwarb das inzwischen stark vernachlässigte Anwesen und führte eine umfassende Sanierung durch. 1976 zog schließlich die Hotelfachschule ein.

Adresse Freiheitsstraße 155, 39012 Meran, www.kaiserhof.berufsschule.it | **ÖPNV** Bus 3ME, Haltestelle Bahnhof | **Öffnungszeiten** Gebäude wochentags zugänglich, Besichtigung nach formloser Anfrage möglich | **Tipp** Ähnlich spektakulär residiert die Fachoberschule Meran gleich schräg gegenüber am Mazziniplatz. Da muss man als Schüler doch brillieren!

33 Die Eisdiele Sabine
Drei Standorte – eine Philosophie

Wenn es so etwas wie einen Gottvater der Südtiroler Speiseeisproduktion gibt, dann ist es Antonio Munaretto. Er wurde 1936 im Val di Cadore geboren, und das Eismachen wurde ihm damit bereits in die Wiege gelegt, denn wenn es eines in den armen Tälern im Überfluss gab, dann war das Gletschereis. Dieses brauchte man früher, um die Zutaten für Speiseeis herunterzukühlen. Das Gletschereis wurde mit Salz gemischt und in einen Bottich gegeben, die Zutaten für das Speiseeis wurden daraufgesetzt, gekühlt und vermengt. Eine Knochenarbeit, für die man um 5 Uhr morgens aufstehen musste, um rechtzeitig fertig zu sein für den Verkauf.

Von den Dolomitentälern aus zogen die Eismacher in die Städte, oftmals nach Deutschland, um dort mit den Eiskugeln etwas italienische Lebensart zu verkaufen. Munarettos Familie ging nach Meran, sein Großvater nach Köln, wo Munaretto als 13-Jähriger dessen Eisdiele aufzubauen half.

Als Munaretto mit 30 Jahren gemeinsam mit seiner Frau die Eisdiele Sabine in Dorf Tirol eröffnete, waren die Zeiten schon andere. Frisch zubereitet wird das Eis heute noch mehrmals täglich, etwas anderes als die Grundzutaten kommen nicht in Frage, auch nicht für die junge Generation, die den Stammladen samt mittlerweile zwei Filialen in Meran heute bewirtschaftet.

Munaretto selbst hat sich zeitlebens für eine Art »Eis-Reinheitsgebot« eingesetzt, er war lange Präsident des Südtiroler Verbandes der Speiseeishersteller. Geheimrezepte, die von Generation zu Generation weitergegeben würden, gibt es laut Munaretto nicht. Die einzigen Geheimnisse seien die Qualität der Zutaten und die Erfahrung in der Zubereitung. Zusätze und Pülverchen, wie sie die Industrie verwendet, braucht es seiner Meinung nach nicht – im Gegenteil, sie sind ein Ausweis niedrigeren Niveaus. Hohe Maßstäbe gelten selbst für das Hundeeis, das die Eisdiele feilbietet und das aus Karotten und Rindfleisch besteht.

Adresse Garibaldistraße 19 und Galileistraße 22, 39012 Meran; Landstraße 23G, 39019 Dorf Tirol | ÖPNV Garibaldistraße: Bus 1ME, 3ME, 210, Haltestelle Sanitätseinheit | Öffnungszeiten Garibaldistraße: täglich 10.30–20 Uhr | Tipp Sammy's Eislabor liegt in Dorf Tirol nur ein paar Schritte entfernt und gilt manchen als ebenso gute Wahl. Kann man ja direkt mal vergleichen!

MERAN

34 Der Feinschmeckermarkt
Südtiroler Produkte unter einem Dach

Nicht alle haben die Zeit, Hof für Hof abzufahren, die Markttage abzuwarten oder die Sennereien abzuklappern. Kein Problem, die Alternative heißt »Pur Südtirol« und versammelt handwerkliche Südtiroler Produkte unter einem Dach – mittlerweile in fünf Märkten, einer davon in Meran, ein anderer in Lana. Wer sich also kurz vor der Rückfahrt mit Südtiroler Spezialitäten eindecken will, der ist hier richtig, denn von Speck über Käse und Schüttelbrot bis hin zu Konfitüren und sortenreinen Apfelsäften wird man umfassend fündig. Pur vertreibt ausschließlich regionale Waren von kleineren handwerklichen Produzenten und die Erzeugnisse von Berghöfen sowie Familienbetrieben, die Industrie bleibt außen vor. Kurz: Hier findet man all das, was der Supermarkt nicht anbietet.

Der Meraner Markt war der erste, er öffnete 2010 und residiert bis heute im Kurhaus, im Jugendstil-Ambiente des ehemaligen Spielcasinos. Mit der Terrasse und einer vom Falstaff ausgezeichneten Weinbar ergänzt ein gastronomisches Angebot die Lebensmittel. Ein Kuriosum ist der hauseigene begehbare Speckreifekeller direkt unter der Ladenfläche. Wie im Supermarkt lässt es sich zwischen den Regalen auf Entdeckungsreise gehen. Besonders spannend ist es, seine Vorlieben zu nennen und sich beraten zu lassen. Ein ausgebildeter Käsesommelier steht dafür ebenso zur Verfügung wie sein Pendant an der Fleischtheke, ein Weinakademiker sowieso. Ein Tipp für die nicht-alkoholische Menü-Begleitung sind die Apfelsäfte von Kohl, unter anderem mit leicht bitterer Hopfennote.

Mit Blick auf das Treiben der Freiheitsstraße lässt sich auf der Terrasse ein Kaffee mit Gebäck oder ein klassisches Marendbrettl genießen. Letzteres ist mit Speck, Käse und Kaminwurzen beladen, Schüttelbrot komplettiert die Bauernvesper. Noch ein Schoppen dazu, und man fühlt sich im Pur wie beim herbstlichen Törggelen – und das mitten im mondänen Meran.

Adresse Freiheitsstraße 35, 39012 Meran | **ÖPNV** Bus 3ME, Haltestelle Rennweg; Bus 1ME, Haltestelle Theaterplatz | **Öffnungszeiten** Mo–Fr 9–19.30 Uhr, Sa 9–18 Uhr | **Tipp** Gegenüber bewirtschaftet das Forstbräu einen kleinen, schattigen und daher angenehm kühlen Biergarten im Hinterhof.

MERAN

35 Das Frauenmuseum
Kostümproben

Das Frauenmuseum wurde bereits 1988 gegründet, bezog aber erst 2011 seinen heutigen repräsentativen Standort am Kornplatz im ehemaligen Klarissenkloster. So wie das Museum selbst rückte auch dessen Anliegen im Verlauf der Zeit ins Zentrum. Es geht darum, die Geschichte von Frauen, ihren Alltag und ihre Emanzipation seit der Französischen Revolution aufzuzeigen. Die Sammlung zeigt Kleidungsstücke wie Korsetts ebenso wie Accessoires oder Alltagsgegenstände. Das Ziel ist, weibliche Realitäten sichtbar zu machen, die in der herkömmlichen Geschichtsschreibung meist völlig ausgeblendet werden.

Das Museum wird von der Provinz Bozen und der Stadt Meran finanziell unterstützt, jedoch von einem privaten Verein und damit unabhängig betrieben. Es geht auf das Lebenswerk von Evelyn Ortner zurück, die ursprünglich Kleidungsstücke sammelte und einen Vintage-Laden in Meran betrieb. Bald wurde ihr klar, dass sich anhand von Mode und Kleidungsstücken Geschichte darstellen lässt – die weibliche Seite der Geschichte, die sich lange in Korsetts hatte zwingen lassen, bis sie langsam alle Restriktionen abzustreifen begann. Als »Museum für Kleid und Tand« begann das Unternehmen seinerzeit unter den Lauben, reflektierte Frauenrollen anhand von Kleidung und Kostümen und wurde schnell zur überregional anerkannten Institution.

Ein loses oder gelöstes Mieder ist heute noch das »Logo« des Museums, wenngleich die Dauerausstellung inzwischen weit mehr als nur Kleidung präsentiert. Herausragende Frauen aus verschiedenen historischen Epochen werden samt unterschiedlichen Aspekten der Emanzipation vorgestellt. Mode, Accessoires, Alltagsgegenstände, Bilder und Statistiken veranschaulichen überliefertes Rollenverhalten, zugrundeliegende Stereotypen oder Schönheitsideale. Ebenso wird weibliches Engagement beleuchtet – ob während der Französischen Revolution, im Haushalt, der Politik oder der Wissenschaft.

Adresse Meinhardstraße 2, 39012 Meran, www.museia.it | **ÖPNV** Bus 3ME, Haltestelle Rennweg | **Öffnungszeiten** Mo–Fr 10–17 Uhr, Sa 10–12.30 Uhr | **Tipp** Auf dem kleinen Platz vor dem Museum sind täglich diverse Marktstände zu finden, auch mit Secondhand-Ware.

36 Der Garten der Tiere
Kunst am Baum

Man muss sich Merans Stadtgärtnerei als einen sehr inspirierten und bestens finanzierten Kunsthandwerksbetrieb vorstellen. Keine andere Instanz – nicht das Tourismusbüro, nicht die Erfinder und Erbauer der Promenaden, ja nicht einmal die notorische Sisi – gibt heute Meran dieses bunte, blühende, opulente Gesicht. Sie pflanzt Brennnesseln neben Blühblumen, setzt Disteln in die Rabatten an der Passerpromenade, sodass Passanten stehen bleiben, um eine meterhohe Distelblume zu bewundern. Kurz: Merans Stadtgärtnerei hat einen genialischen Zug!

Sie meinen, das ist übertrieben? Nun, die Stadtgärtnerei lässt in der hauseigenen Schmiede allerhand Gitter und Gerüste fertigen, um diese dann so zu bepflanzen, dass sich Figuren aus der Vegetation schälen. Einen ganzen Reiter hat es beispielsweise an die Winterpromenade verschlagen, mehrere dieser Gestalten gibt es im grünen Dschungel an der Gilfklamm zu bewundern. Das märchenhafte Areal findet nur, wer beizeiten von der Gilfpromenade abbiegt und ein paar Meter hinuntergeht. Dort trägt ein grün bemooster Atlas die Welt, dahinter klebt ein übergroßer Specht am Baum – absolut zauberhaft. »Land-Art« nennt man die vergänglichen Arrangements, die beispielsweise Andrew Goldsworthy in die Welt gesetzt hat, nur damit die Gezeiten sie wieder zunichtemachen – in Minuten, Stunden oder Tagen. Die Arbeiten der Stadtgärtnerei aber sind dauerhafter, sie leben, wachsen im Wortsinn über sich hinaus, indem die sorgsam ausgewählte Vegetation übernimmt, changiert und sich immerfort ändert.

Die dringende Empfehlung ist, den Garten der Tiere mehrfach zu besuchen, denn das Licht verändert alles. Mag sein, dass der Atlas schon im nächsten Jahr Vergangenheit ist und ausgetauscht wurde. Vielleicht überlebt der Specht den Winter nicht. Aber dann findet sich anderes. Das ist Kunst mit der Natur, sie erfindet sich immer wieder aufs Neue. Danke, Stadtgärtnerei!

Adresse Gilfpromenade, 39012 Meran | **ÖPNV** nur zu Fuß über den Steinernen Steg oder die Passerpromenaden erreichbar | **Tipp** Hinter dem Café Wandelhalle, also auf dem Weg zur Gilfpromenade, ist ein kleines Stück des Passerufers zugänglich: Füße eintauchen, Beine ausruhen!

37 — Gigis Bar
Die Aperitiv-Bar Merans

Gigis Bar ist noch recht neu, gehört also nicht zu den altehrwürdigen Etablissements Merans. Deshalb geht es hier etwas offener zu, man könnte auch sagen: italienisch ungezwungen.

Direkt an der unteren Passerpromenade gelegen, also am ruhigeren Ende, lässt man es sich hier gut gehen und sitzt halb im Grünen: Die Passer rauscht unterhalb vorbei und stiftet vorbildliches Feng-Shui.

Gigis Bar ist hochbelobigt. Das Magazin Feinschmecker spricht von »den besten Cocktails der Stadt«, der Falstaff wiederum preist das unkomplizierte Speisenangebot – es gibt jeweils ein Tagesgericht sowie diverse Kleinigkeiten und Bruschette. Wobei »unkompliziert« in diesem Fall etwas missverständlich ist, denn rustikal sind die Speisen keineswegs, sondern fein abgeschmeckt, und sie werden sehr ansehnlich präsentiert. Der Falstaff meint wohl, dass man sich keinen Kopf machen muss, sondern einfach entspannt bestellen kann. Gigi firmiert schließlich als Weinbar, nicht als Restaurant, aber zum Wein braucht es etwas für den Magen.

Die offenen Weine gehen ins gute Dutzend, und man kann hier getrost den ganzen Abend verbringen, nicht nur die Zeit des Aperitifs. Die Eigentümer Stefan Pföstl und Martin Thomaseth (nicht etwa Gigi) servieren unter anderem offenen Franciacorta, das ist nach Champagnermethode gereifter Schaumwein. Zu jedem bestellten Glas wird eine Bruschetta gereicht, wobei die Karte der offenen Weine keine Wünsche offenlässt. Trotz der deutschsprachigen Betreiber herrscht so etwas wie italienisches Flair, sowohl was die Weinkarte als auch was die Speisenauswahl und die Atmosphäre angeht. Wer noch nicht mit der italienischen Angewohnheit vertraut ist, nach Feierabend auf dem Weg nach Hause oder zum Restaurant für einen *aperitivo* in eine Bar einzukehren, dort einen Happen zu essen und ein Glas in geselliger Runde zu leeren, der fängt am besten sofort damit an. Natürlich bei Gigi.

Adresse Passerpromenade 68, 39012 Meran | **ÖPNV** Bus 1ME, Haltestelle Theaterplatz | **Öffnungszeiten** Di–Sa 11–1 Uhr | **Tipp** Das Café-Restaurant Promenade liegt nur wenige Meter entfernt ebenfalls an der Passer und ist so etwas wie die Antithese zu Gigi. Auch nicht verkehrt – und inklusive »Knödeltrilogie«.

38 Die Gilfklamm
Auf der Störungslinie

Man liest häufig, dass bei Meran die afrikanische auf die eurasische Erdplatte trifft. Als Beweis muss der Blick von der Gilfpromenade herhalten. An den Gneis- und Granitschichten des Felssporns und dem markanten Einschnitt soll sich die Grenze zeigen. Wie bitte? Meran liegt halb in Afrika?

Dies ist weder ganz falsch noch vollständig richtig. Es ist etwas komplizierter. Wahr ist, dass Meran genau auf der geologischen Störungslinie liegt, für die die Plattenaktivität im Untergrund genauso verantwortlich ist wie für die Erschaffung des Gebirgszugs der Alpen. Was viele nicht wissen: Die italienische Landmasse liegt zur Hälfte auf der afrikanischen Platte, zur anderen auf der eurasischen. Der italienische Stiefel ist quasi zweigeteilt, die seismische Aktivität und der Höhenzug des Apennin legen davon Zeugnis ab.

Grund ist der sogenannte Apulische Sporn (auch Adriaplatte genannt), eine Mikroplatte, die von Süditalien und der Adria nordwärts drückt und die Alpen weiter auffaltet (das Gebirge wächst um circa 1,5 Millimeter pro Jahr), wobei sie ihrerseits unter dem Druck der afrikanischen Platte steht. Und diese andauernde Aktivität hat die Störungslinie – auch Periadriatische Naht genannt – entstehen lassen, an der sich Meran befindet. Diese verläuft entlang des gesamten Alpenbogens und teilt ihn geologisch gesehen in Nord- und Südalpen. Dies- und jenseits davon wanderten die Gebirgszüge, stark vereinfacht ausgedrückt, in verschiedene Richtungen und unterscheiden sich auch in der Zusammensetzung. Im Norden herrschen Kalk und Granit vor, im Süden Gneis.

Der Fels der Zenoburg besteht aus beidem – ergo muss dort, wo sich die Gilfklamm dem Auge präsentiert, auch der Grenzriss sein. Die Störungslinie ist in Wahrheit für das bloße Auge nicht sichtbar, sie zieht sich vom Ultental über Meran das Naiftal hinauf und wird morphologisch durch lang gestreckte Täler markiert. Deshalb ist häufig auch von einer Narbe die Rede.

Adresse 39012 Meran | **ÖPNV** Bus 1ME, Haltestelle Theaterplatz, zu Fuß an der Passer bis zur Gilfpromenade und zum Steinernen Steg | **Tipp** Hinter der Klamm liegt das kleine Biotop »Passer Fritz« rund um einen Altarm der Passer. Ideal für heiße Tage.

39 — Das Hotel Palace
Eine Frage der Balance

Ein Schweizer Wirtschaftsmagazin kürte 2019 das Hotel Palace zum »weltbesten Health-Retreat«. Absender und Adressat dieser Belobigung sind beide kein Zufall: Das Fünfsternehotel ist *der* Rückzugsort der Schönen und Reichen in Meran schlechthin. Dies liegt einerseits am Luxus des Hauses, andererseits an den hausinternen Behandlungsmöglichkeiten und nicht zuletzt an der mit beidem einhergehenden Diskretion. Die im Zuge der jüngsten Renovierung geschaffenen Dachappartements – wer richtig reich ist, braucht auch richtig viel Platz – sind per Lift direkt mit dem Wellnessbereich beziehungsweise den Behandlungsräumen verbunden, sodass man unerkannt zwischen Dach und medizinischer Abteilung hin und her schweben kann.

Das Palace hat ein eigenes Detox-Programm entwickelt, das sich an der Fünf-Elemente-Theorie der traditionellen chinesischen Medizin orientiert und auf den Kurarzt Henri Chenot zurückgeht. Wobei böse Zungen behaupten, Botox sei ein sechstes Element, das ebenfalls zum Zuge komme und den Privataufzug erst nötig mache, der gepflegte »Retox« an der Bar schließlich das siebte.

Das Hotel wurde 1906 eröffnet, also zur absoluten Hochzeit des Meraner Kurbetriebes, und hat eher an Glanz dazugewonnen denn verloren. Das ehrwürdige Haus wurde seit einem Eigentümerwechsel 2005 vorsichtig, aber umfassend renoviert, ohne die ursprüngliche Grandezza zu mindern. Ein Marmorbad ist Pflicht, ein Kronleuchter sowieso!

Die Großzügigkeit und die zeitlose Opulenz des Hotels sind zumindest in und um Meran kaum zu überbieten. Der Übernachtungspreis allerdings auch nicht: Das Fünf-Tage-Revitalisierungs-Programm kostet über 4.000 Euro, allerdings inklusive der Anwendungen. 70 Prozent aller Gäste seien wiederkehrende Kunden, heißt es, und viele würden Langzeitaufenthalte buchen. Dem Seelenheil zuliebe und für die Balance – die innere, nicht die des Bankkontos.

Adresse Cavourstraße 2, 39012 Meran, www.palace.it | ÖPNV Bus 204, 221, 225, 240, Haltestelle Plankenstein | Öffnungszeiten Gelände umzäunt, Hotelbau trotzdem gut einzusehen | Tipp Vom Marconi-Park gegenüber hat man nicht nur einen guten Blick auf das Hotelensemble, sondern zudem Rosenduft in der Nase: Hier wachsen zahlreiche Sorten, die alle mit Schildern und Namen versehen sind.

40 — Das Hotel Therme
Wellness hoch drei

Viele Hotels in Südtirol und vor allem rund um Meran haben einen Pool, eine Sauna oder einen Wellnessbereich. Das Hotel Therme im Zentrum von Meran schlägt sie alle mühelos – und zwar um Längen. Ein erstes Wellnessareal befindet sich samt Hallenbad und Dampfbad ebenerdig: der sogenannte Garden Spa. Dessen Gegenstück wurde in den Dachbereich des Hotelbaus integriert und heißt – man ahnt es schon – Sky Spa. Der dritte, noch größere Thermenbereich, der über einen »Bademanteltunnel« zugänglich ist, liegt im Nachbargebäude – also in der Meraner Therme selbst.

Im Garten stehen Palmen, vom Dach aus genießt man den Blick auf die Berge und sieht zudem auf die Wandelhalle und die Promenaden rechts und links der Passer hinunter. Vom Ruhebereich erspäht man die Silhouette Merans samt Kirchturm. Zentraler und strategisch günstiger kann ein Hotel gar nicht liegen, zumal man von hier in wenigen Minuten in der Laubengasse beziehungsweise Altstadt ist. Man muss das Hotel Therme jedoch gar nicht verlassen, man kann genauso gut und ohne viel zu verpassen einfach zwischen den Zimmern, der Gastronomie in Form von Café, Bar und Restaurant sowie den Wellnessbereichen hin- und herpendeln. Das gilt auch für Tagesgäste, die Day-Spa-Tickets wahlweise mit Frühstück, Dinner oder einer Anwendung erwerben können.

Davon, dass die Ursprünge des Hotels im Jahr 1912 liegen, ist nichts zu ahnen. Der gesamte Komplex wurde komplett neu gestaltet, und zwar von keinem Geringeren als Matteo Thun. Dessen Mailänder Architektur- und Designbüro hat eine Wohlfühlatmosphäre kreiert, die einerseits zwanglosen Luxus schaffen soll, andererseits ein durchaus heimeliges Ambiente. Gedeckte Farben und individuelle Einrichtungsgegenstände sollen den Unterkünften einen privaten Touch verleihen, vielleicht ein bisschen so, wie man es mittlerweile von der Airbnb-Ästhetik gewohnt ist. Allerdings sehr viel schicker und auch sehr viel teurer.

Adresse Thermenplatz 1, 39010 Meran, www.hoteltermemerano.it | ÖPNV Bus 5ME, 6ME, 201, 211, Haltestelle Therme | Öffnungszeiten Rezeption rund um die Uhr besetzt | Tipp Direkt hinter der Therme erstreckt sich der Thermenpark, eine kleine, feine und wenig frequentierte Grünanlage.

41 Die Kirchturmuhren
Auf der Höhe der Zeit

Die Pest, Überschwemmungen und leere Kassen: Der Neubau einer stattlichen Pfarrkirche zog sich in die Länge, bis zur Fertigstellung dauerte es mehr als 150 Jahre. Merans Pfarrkirche ist gotischen Ursprungs, das Kirchenschiff wurde noch vor dem Turm fertiggestellt und 1465 eingeweiht. Die Bedeutung Merans als Zentrum der Grafschaft Tirol war gestiegen, ein repräsentativer Kirchenbau war notwendig. Dieser ist zu Merans unumstrittenen Wahrzeichen avanciert. Dass der umringende Aussichtsbalkon des Kirchturms einst der Feuerwacht diente, ist jedoch ebenso in Vergessenheit geraten wie der stufenweise Ausbau. Mit dem abschließenden Zwiebeltürmchen wurde im 17. Jahrhundert auf nunmehr insgesamt 83 Meter aufgestockt, was den Meraner Kirchturm zum dritthöchsten Südtirols macht.

Aber nicht nur der Kirchturm wuchs mit der Zeit, die Stadt tat es ihm gleich, und die Gebäude wurden im 19. Jahrhundert höher und höher – bis die ursprünglichen Kirchturmuhren nicht mehr einzusehen waren. Man musste nachrüsten! Wo käme man denn da hin, wenn die Kurgäste nicht um die Zeit wüssten, Anwendungen verpassten und Liegezeiten schwänzten, weil die Hotelbauten den Blick versperren? Kurzerhand wurde das Uhrwerk samt dreier zusätzlicher Zifferblätter nach oben versetzt und oberhalb des Aussichtsbalkons reinstalliert – lediglich auf der stadtabgewandten Seite sparte man sich die Zeitanzeige. Die unteren vier Zifferblätter verloren in der Folge sämtlich ihre Funktion. Auf ihnen stand die Zeit still, bis sie 1977 im Rahmen einer Turmrenovierung mit an das modernisierte Uhrwerk angeschlossen wurden. Seitdem drehen sich auf allen sieben Zifferblättern die Zeiger im Gleichklang.

Geweiht ist die Kirche dem heiligen Nikolaus, über dem Südportal zeigt sich in zehn Metern Höhe jedoch der heilige Christophorus: einer der 14 Nothelfer und der Schutzheilige der Reisenden.

Adresse Passeirerstraße 3, 39012 Meran, www.stadtpfarre-meran.it | **ÖPNV** Bus 3ME, Haltestelle Rennweg, zu Fuß über die Lauben, guter Blick auf den Turm vom Tappeinerweg aus ab Pulverturm | **Öffnungszeiten** Kirche tagsüber offen | **Tipp** Das Kirchenschiff ist eines der ältesten gotischen Baudenkmäler Südtirols und samt seinen Buntglasfenstern einen Abstecher wert.

42 — Die Klamotte
Kuratierte Mode aus zweiter Hand

Etwas secondhand zu kaufen, ist in Südtirol bei Weitem nicht so selbstverständlich wie in Mailand oder Berlin. Gut, dass es Läden wie die Klamotte gibt, die Sara Daltrozzo unlängst in einer ehemaligen Fahrradwerkstatt eingerichtet hat. Diese Vergangenheit leugnet der Laden nicht, immer noch hängen Laufräder an der Decke, und der Keller ist voller Fahrradzubehör. Wäre ja auch komisch, wo doch ansonsten auch alles älter ist als der Laden. Fahrradhelme, Werkzeuge, ja sogar Motorradkleidung aus den 1980er Jahren können hier erworben werden.

Sara kuratiert ihr Sortiment, will sagen, sie nimmt nichts in Zahlung, sondern wählt selbst aus. Vor der Eröffnung hat sie sich schon einen beachtlichen Fundus zusammengesucht, dazu kommen jetzt noch Stücke vom Flohmarkt oder Fundsachen. Etwa zwei Drittel des Bestands ist für die Damenwelt bestimmt, die Herren müssen mit dem restlichen Drittel auskommen. Stilistisch will sich Sara nicht festlegen, entsprechend bunt gemischt geht es im Laden zu. Sie selbst sei modisch eher zurückhaltend, sagt sie, trage eher Basics und gern Schwarz. Dafür weiß sie um so besser, was ihrer Kundschaft steht oder stehen könnte und berät hinsichtlich des Stylings.

Kleidung und insbesondere »Fast Fashion« hinterlässt einen dermaßen großen CO_2-Fußabdruck, vom Pestizideinsatz auf den Baumwollfeldern, den Arbeitsbedingungen in Bangladesch und dem Wasserverbrauch ganz zu schweigen, sodass man sich wünscht, die Klamotte würde Schule machen. Denn für vergleichsweise kleines Geld bekommt man hier individuelle Einzelstücke, die noch dazu den Vorteil haben, vor Jahrzehnten vernünftig gefertigt worden zu sein. Und das allermeiste sieht eh aus wie neu. Touristen sind nicht das Zielpublikum von Sara, die shoppen eher in den Lauben oder leisten sich Mega-Authentisches von Edelweiss Trachten. Die Klamotte will für die Einheimischen da sein – also Diskretion beim Besuch!

Adresse Romstraße 126E, 39012 Meran-Untermais | **ÖPNV** Bus 210, 201, Haltestelle Louis-Negrelli-Schule | **Öffnungszeiten** Di–Fr 9.30–12.30 und 15–18 Uhr, Sa 10–12.30 Uhr | **Tipp** Schräg gegenüber serviert »Sushi Minto« erstklassige Produkte. Laut jemandem, der es wissen muss, ist es das beste Sushi-Restaurant in Meran!

43 Der Kräutergarten
Balsam für die Seele

Fast direkt hinter der Pfarrkirche lagen einst die Weinberge der Stadt Meran, links und rechts des Tiroler Steiges an den Hängen des Küchelberges. Ab 1998 wurden dort in der Steillage ein paar tausend Quadratmeter zu dem umgewidmet, was heute der einzige öffentliche Kräutergarten Südtirols ist. Nach vier Jahren Arbeit der Stadtgärtnerei konnte das Gelände 2002 eröffnet werden.

250 verschiedene Arten von Würz- und Heilkräutern sowie diverse Duftsträucher sind dort versammelt. Alle sind mit Schildern versehen, sodass sich auch Kräuterunkundige einen Überblick verschaffen können. Wissen ist jedoch nachrangig, es geht ums Erspüren, Erschnuppern und Sichten. Gerade im Frühjahr duftet es hier intensiv, alles blüht, und niemand käme auf die Idee zu denken, Kräuter hätten keine Wirkung auf die Seele.

Das Gelände ist steil, es zeigt nach Süden, und das submediterrane Klima ist ideal für die zahlreichen Kräuterpflanzen. Manch einer mag sich sagen: Schön und gut, aber was nützen mir ein öffentlicher Garten und all die Kräuter, wenn ich Letztere doch in der Küche brauche? Nun, tatsächlich ist es explizit erlaubt, sich Kräuter für den Eigenbedarf einzupacken – also in haushaltsüblicher Menge. Wer im Herbst nach Meran kommt, kann auch gleich von den Früchten naschen. Am Eingang zum Garten finden sich Vernatschtrauben.

Einen großen Anteil an Merans Pracht hat die Stadtgärtnerei, eine der wenigen, die noch über eine eigene Pflanzenzucht verfügt. In den Gewächshäusern im Stadtteil Gratsch werden jedes Jahr eine Viertelmillion Blumen gezogen, die dann in die Beete und Rabatten wandern und dort wachsen und gedeihen. Mehr noch: Es geht der Gärtnerei nicht allein um die Optik, sie begreift die Stadt samt ihren 8.000 hochstämmigen Bäumen als Lebensraum. Dessen Biodiversität zu erhalten oder sogar zu erhöhen, ist der Hauptzweck der Arbeit der Stadtgärtner.

Adresse Tappeinerweg, 39012 Meran | **ÖPNV** Bus 1ME, Haltestelle Theaterplatz, zu Fuß über den Tiroler Steig oder den Tappeinerweg | **Öffnungszeiten** rund um die Uhr zugänglich | **Tipp** Gleich oberhalb des Kräutergartens findet sich das Tappeiner-Denkmal, das jenem Herrn gewidmet ist, der den schönsten aller Meraner Spazierwege anlegen ließ.

44 La Bottega del Pincho's
Häppchen für Häppchen

Mit Pinchos sind baskische Häppchen gemeint. Der Name stammt von dem Spießchen, mit dem der Belag auf der Brotscheibe so fixiert wird, dass man diese im Stehen oder unterwegs unfallfrei verzehren kann. Seit 2016 werden in Meran ebenfalls Pinchos belegt. Mit Käse, Speck, gegrilltem Gemüse – die Variationsmöglichkeiten sind unendlich, der Preis pro Stück bleibt aber begrenzt. Abgerechnet wird wie im Baskenland anhand der übrig gebliebenen Stäbchen, die verschiedenen Längen stehen für die unterschiedlichen Preise.

Eine Wesensverwandtschaft mit den in Italien üblichen Bruschette lässt sich nicht leugnen, obgleich die Brotscheibe bei Pinchos nicht geröstet wird. Der Betreiber der Bodega del Pincho's hat zuvor im Bozener Carretai gearbeitet und das dortige Prinzip von kleinen, frischen Snacks in Kombination mit glasweise ausgeschenktem Wein nach Meran exportiert. Unkomplizierter und preiswerter kann man in der Stadt kaum satt werden.

Auch für größeren Hunger ist gesorgt: Neben einer Auswahl an belegten Baguettes, etwa mit Roastbeef, sind Piadine die zweite Spezialität des Hauses. Dabei handelt es sich um ein beliebtes Mittagessen aus der Romagna. Fladenbrot wird in der Pfanne ausgebacken, opulent belegt und zusammengefaltet – fertig ist das »Creative Streetfood«, wie es sich die Bar im Untertitel selbst attestiert. In der Tat sind die Kombinationen verlockend: Brie mit Speck, Mozzarella, Prosciutto und Carciofi (Artischocken) oder scharfe Salami mit Frischkäse und Rucola gibt es beispielsweise. »Streetfood« ist es schon deswegen, weil es hauptsächlich zum schnellen Verzehr beziehungsweise zum Mitnehmen gedacht ist.

Die Sitzplätze sind begrenzt, nur wer Glück hat, ergattert draußen ein Tischchen und kann dem Treiben auf dem Rennweg zuschauen. Dann wird man gewiss so schnell nicht wieder aufstehen und sich stattdessen einmal durch die Auswahl an Pinchos essen …

Adresse Rennweg 44, 39012 Meran | **ÖPNV** Bus 3ME, Haltestelle Rennweg | **Öffnungszeiten** Mo–Fr 10–21 Uhr, Sa 10–17 Uhr | **Tipp** Die Landesfürstliche Burg liegt gleich um die Ecke, sie ist eine der Hauptattraktionen Merans – warum auch immer. Jedenfalls ist das mittelalterliche Mobiliar (Sitzbetten!) den Besuch wert. Die Burg selbst, na ja …

45 Das Lido
Kampf um die Moral

So traditionsreich das Meraner Stadtbad auch sein mag, seit der letzten umfassenden Renovierung genügt es allen Ansprüchen, die an ein modernes Sport- und Freizeitbad gestellt werden: Wellness- und Sportangebote, Spaßrutsche, Gastronomie. Erhalten blieb das Beachvolleyballfeld, wo früher die Herren der Schöpfung »Flugball« spielten, um der Damenwelt zu imponieren. Ebenfalls Bestand hat das Olympiabecken, ein Becken für Sportschwimmer mit den olympischen Maßen, also einer Bahnlänge von 50 Metern. Hier trainierte einst ein gewisser Carlo Pedersoli, der 1952 und 1956 an den Olympischen Spielen teilnahm, aber erst in den 1960er Jahren als Schauspieler unter dem Namen Bud Spencer so richtig berühmt wurde.

Das Lido wurde 1931 eröffnet, hatte aber mit dem Turner Bad einen Vorläufer, der schon 1887 den Betrieb aufnahm. Gespeist wurde das Badevergnügen vom eiskalten Wasser der Passer, und man muss den damaligen Gang ins Freibad eher unter Reinlichkeitsaspekten als unter Freizeitspaß verbuchen. Sport und Spaß kamen erst mit dem Neubau von 1931 dazu. Dies muss den Verantwortlichen klar gewesen sein, denn mit der Eröffnung wurde eigens ein Polizist ins Freibad beordert, der dort täglich auf Sitte und Ordnung achtete. Unter anderem soll auf den Zentimeter genau kontrolliert worden sein, ob die Badewäsche – das waren ja in der Tat damals Anzüge – der Etikette entspricht.

Über mehrere Jahrzehnte und einen Weltkrieg hinweg war das Lido ein Schauplatz des Kampfes um Moralvorstellungen. Auch dann noch, als der Bikini in Mode kam und damit eine weitere Stoffverknappung nicht mehr möglich war. Bikiniträger wurden des Feldes verwiesen. Ein Ende hatte das Ringen um die korrekte Bedeckung der Haut schlagartig im Jahr 1952: Die Wahlen zur Miss Italia wurden im Lido abgehalten, und die Finalistinnen präsentierten sich in knappen Badeanzügen – und sogar in Bikinis.

Adresse Schwimmbadstraße 38, 39012 Meran | **ÖPNV** Bus 6ME, Haltestelle Manzonistraße, dann über die Brücke; alternativ zu Fuß über die Passerpromenade | **Öffnungszeiten** 31. Mai – 25. Aug. 9 – 19.30 Uhr, 26. Aug. – 1. Sept. 9 – 19 Uhr, 2. Sept. – 15. Sept. 9 – 18 Uhr; Abendöffnungen 22. Juni – 10. Aug. Sa bis 23 Uhr | **Tipp** Fast direkt neben dem Schwimmbad-Areal hat der notorisch erfolglose Fußballclub Olimpia Merano seinen Sitz in einem eingeschossigen Bau der vorletzten Jahrhundertwende.

46 — Der Lyrikpfad
Dichter im Rücken

Böse Zungen sagen, so ließen sich Dichtersprüche am besten genießen: indem man ihnen den Rücken zukehrt. Die Sentenzen sind nämlich sämtlich auf die Rückenlehnen der Bänke graviert, sodass man, sobald man einmal sitzt, in der Tat unbehelligt von Weisheiten bleibt. Der Lyrikpfad macht einen Teil der Gilfpromenade am Passerufer aus, befindet sich also in unmittelbarer Nachbarschaft zur Altstadt.

Die Wahl der Zitate erscheint auf den ersten Blick zufällig und wild, wurde aber sorgfältig kuratiert. Der Künstler Marco Nereo Rotelli hat jeweils einen Vers herausgegriffen und eingraviert, und zwar von so bekannten Namen wie Gottfried Benn, Rainer Maria Rilke, Christian Morgenstern oder Sarah Kirsch. Die deutschsprachigen Lyriker wurden ausgesucht, weil sie sich in Meran häufig und gern aufgehalten und sich positiv über die Stadt geäußert haben. Die meisten deutschen Dichternamen sind deshalb einem breiten Publikum bekannt oder schon lange zu Klassikern geworden, nicht so hingegen die italienischen. Hier sind Namen vertreten, die sich im Wettbewerb »Meranopoesia« hervorgetan haben, der unlängst von der Stadtbibliothek durchgeführt wurde: Piero Bigongiari, Giuseppe Conte, Maria Luisa Spaziani oder Andrea Zanzotto. Ezra Pound bekam als ehemaliger »poet in residence« noch dazu einen ganzen Bereich zugesprochen – seine Zitate wurden von seiner Tochter ausgewählt, die heute noch in Meran wohnt.

Manche Namen überraschen, hat man sie doch noch nie im Zusammenhang mit Meran gehört, andere, zumal die italienischen, liest man zum allerersten Mal. Die Bänke geben daher Einblick in mehr als nur etwas willkürliche Kurzzitate. Sie zeigen Meran als kulturelles Epizentrum zwischen der deutschsprachigen Alpenkultur und der italienischen: Merans Gäste kamen und kommen aus dem Norden, um den Süden zu genießen, und aus dem Süden um des Nordens wegen.

Adresse Gilfpromenade, 39012 Meran | **ÖPNV** nur zu Fuß über die Passerpromenaden | **Tipp** Beschriftete Bänke sind nicht nur am Lyrikpfad zu finden, sondern über die ganze Stadt verstreut. Kafka hat eine eigene bekommen, und zwar an der Maiastraße.

47 __ Das Mahnmal
Dem Tiroler Aufstand gewidmet

Auf dem Küchelberg fand 1809 eine der letzten Schlachten des Tiroler Aufstands statt, die im Gegensatz zur Schlacht von Bergisel siegreich für die Tiroler endete. Ein Mahnmal präsentiert unweit des Pulverturms Gewehre und Bajonette aus Stahl, die zugleich aufeinander zeigen und miteinander verschmelzen. Mag sein, dass die Künstlerin Margit Klamm im Sinn hatte, dass Hunderte Menschen allesamt umsonst gestorben sind. Denn der Frieden von Schönbrunn war längst unterzeichnet, nur eine Handvoll Getreuer um Andreas Hofer widersetzte sich der Einsicht, dass der Krieg gegen Napoleon längst verloren war.

Deswegen ist der Sieg der Tiroler am Küchelberg keiner, wenngleich es gelungen war, etwa 5.000 französische Soldaten in sichelförmiger Formation anzugreifen und hinter die Stadtmauern zutreiben. Um 10 Uhr vormittags hatte der Angriff begonnen, gegen 19 Uhr war der Küchelberg in Tiroler Hand, um Mitternacht verließen die französischen Soldaten Meran – und kamen wenig später unbehelligt zurück. Bis 1814 gehörte Meran zum Königreich Italien, das wiederum von Napoleon regiert wurde.

Häufig wird jedoch vergessen, dass der Tiroler Aufstand zuerst gegen das Königreich Bayern gerichtet gewesen war. Die Bayern hatten als Verbündete Frankreichs ganz Tirol besetzt, und zwar im Anschluss an die Niederlage Österreichs und den Frieden von Pressburg 1805, demzufolge Österreich die Grafschaft Tirol an Bayern abtreten musste. Ersten Widerstand gab es, als Bayern versuchte, Tiroler zum Kriegsdienst einzuziehen. Als Österreich Frankreich und Bayern im April 1809 erneut den Krieg erklärte, war dies das Fanal zum landesweiten Aufstand. Erzherzog Johann erklärte Tirol zu österreichischem Kernland und jeden Tiroler Freischärler zum Angehörigen eines militärischen Verbandes, er versprach also Straffreiheit.

Andreas Hofer wurde auf Napoleons Einwirken hin Anfang 1810 hingerichtet.

Adresse Tappeinerpromenade, am Pulvertum, 39012 Meran | **ÖPNV** Bus 1ME, Haltestelle Theaterplatz, zu Fuß über die Tappeinerpromende | **Tipp** Ein zweites, weniger bekanntes Mahnmal befindet sich unmittelbar an der Bergstation des Einerlifts nach Dorf Tirol.

48 — Der Maiser Waalweg
Wasser, marsch!

Der Maiser Waalweg hat gleich mehrere Vorteile: Er ist relativ eben, verläuft meist im Schatten und ist auch im Sommer nicht überlaufen – ganz im Gegensatz zum Marlinger Pendant, das näher an Meran liegt und berühmter ist.

Waale sind Bewässerungskanäle, wobei sich der Begriff »Waal« über ein paar Umwege oder durch Maulfaulheit vom lateinischen »aqualis« für »Wasserlauf« ableiten soll. Waale wurden angelegt, um Wasser von Bergbächen oder Flüssen zu landwirtschaftlichen Feldern beziehungsweise Obstplantagen zu leiten, indem man sich ein natürliches Gefälle zunutze machte. Wasser wird oben im Tal oder in der Schlucht entnommen, der Kanal dann am Talrand über Kilometer bis zu den Nutzflächen geführt. Die Kanäle mussten bewirtschaftet und gepflegt werden und sind daher von Fußpfaden gesäumt, den Waalwegen. Kein Wunder, dass diese zu beliebten Spazier- und Wanderwegen wurden, mehr Südtiroler Idylle geht fast nicht. Der Maiser Waal verläuft von Saltaus im Passeiertal bis hinunter nach Obermais, wobei sein Wasser aus der Passer stammt.

Der Maiser Waalweg kann über die gesamte Länge begangen werden, los geht es am Schloss Planta in Obermais, Schluss ist nach 7,5 Kilometern an der Passer in Saltaus – das schafft man in gut zwei Stunden, und mit dem Bus kommt man vom Schlusspunkt bequem zurück. Der Pfad steigt auf der rechten Talseite kontinuierlich und deshalb unmerklich an, führt durch einzelne Weiler, durchquert ganze Obsthaine und stellenweise den Wald. Unterwegs stößt man auf ein Waalerhaus, also den Unterschlupf desjenigen, der sich um die Instandhaltung des Kanals zu bemühen hatte. Der Waal fließt dabei größtenteils offen und plätschert vor sich hin, nur manchmal verschwindet er in Rohren, etwa um eine Straße zu queren.

Besonders schön ist der Weg während der Apfelblüte, also ab April, er hat aber auch im Sommer oder Herbst seinen Reiz.

Adresse Einstieg: Plantastraße, 39012 Meran | **ÖPNV** Bus 3ME, Haltestelle Lazag, von dort zu Fuß die Plantastraße hoch bis zum Einstieg, zurück von Saltaus mit Bus 240 (alle 15 Minuten) | **Tipp** Apropos Äpfel: Unterwegs passiert man den »Apfelstand« und kann sich dort mit frischem Kernobst eindecken.

49 Der Meraner Höhenweg
Ganz auf der Höhe!

Der Meraner Höhenweg gilt als der bekannteste und beliebteste Höhenweg Südtirols und hat sogar eine eigene Website. Fünf bis acht Etappen muss man einplanen, um von Meran oder Partschins den Rundweg durch den Naturpark Texelgruppe zu beschließen. Höhenweg heißt er deswegen, weil er größtenteils auf über 1.000 Metern verläuft und Pässe von fast 3.000 Metern aufweist. Der Steig ist schon deswegen alpin, weil er mitten durch die Ötztaler Alpen führt. Außer Höhenmetern und Streckenlänge weist er jedoch keine technischen Schwierigkeiten auf, das heißt, es gibt keine Fels- oder Kletterpassagen. Kurz: Der Höhenweg ist auch normalen Wanderern zugänglich und kann abschnittsweise gegangen werden – zumal einige Passagen mit Sesselliften erreichbar sind. Auch um nur eine Etappe zu erwandern, ist grundsätzliche Bergerfahrung jedoch Voraussetzung. Immerhin befindet man sich in alpinem Gelände, selbst wenn die Wege gut markiert und nicht ausgesetzt sind.

Wem also der Trubel im Talboden oder entlang der Waalwege im Sommer zu viel wird, der kann schon ab Dorf Tirol in die Höhe entfliehen und trifft, ist er einmal auf dem Weg, zuweilen keinen einzigen Menschen mehr. Mit der Hochmuth-Seilbahn gelangt man zunächst zu den Muthöfen, dann vom Gasthof Steinegg aus über den Hans-Frieden-Weg in ungefähr einer Stunde zur Leiteralm – der ersten von mehreren Einkehrmöglichkeiten. Bis zum Hochganghaus ist es noch einmal eine gute Stunde. Anschließend ändert die Landschaft den Charakter, es wird steiniger und geht über die Nasereithütte in weiteren vier Stunden bis zum Gasthaus Giggelberg. Dort lässt sich die Etappe bequem beschließen, die Texelbahn bringt einen nach Partschins und damit ins Tal und zum Bus zurück. Zahllose Ausblicke, Höhenluft und alpine Natur jenseits der Massen liegen mit knapp 14 Kilometern und gut 800 Höhenmetern hinter einem. Stolz darf man sein!

Adresse 39012 Meran, www.meraner-hoehenweg.com | **ÖPNV** hinauf mit der Hochmuth-Seilbahn ab Dorf Tirol, hinunter mit der Texelbahn | **Öffnungszeiten** Juni – Anfang Okt. uneingeschränkt zu empfehlen, Wetterbedingungen beachten | **Tipp** Man kann natürlich auch oben bleiben, nichts ist schöner als ein Morgen am Berg. Der Gasthof Hochmuth beispielsweise bietet bestens ausgestattete Gästezimmer, die man frühzeitig buchen sollte (www.hochmuth.it).

50 Das Meteo
Eine Klasse für sich

Wenn sich am Meteo die Geister scheiden, dann deshalb, weil es sich allen Klischees entzieht. Der offene Geist und die Experimentierfreude in durchaus lockerer Atmosphäre sind nichts für diejenigen, die Südtiroler Rustikalität suchen. Und auch nichts für all jene, die in mondäner Atmosphäre speisen wollen, um zu sehen und gesehen zu werden. Alle anderen aber werden staunen und genießen und später ihren Freunden davon erzählen. Die dringende Empfehlung ist daher, die Vor- und Nachspeise nicht auszulassen, sondern im Meteo ein komplettes feinsinniges Menü zu genießen.

Eine handgeschriebene Karte mit nur wenigen Gerichten – wo gibt es das sonst noch in dieser Stadt, deren Gastronomie es oftmals so vielen gleichzeitig recht machen will? Die Karte wechselt regelmäßig, aber die Empfehlung eines einzelnen Gerichts verbietet sich, denn ob Fisch oder Fleisch, es ist wirklich alles gut bis hervorragend (es gibt in der Regel ein Fischgericht). Allein: Das Meteo ist stilistisch zu eigen, um es in eine bestimmte Schublade zu stecken. Hinter den Experimenten mit Aromen und Texturen steht ausreichend Erfahrung, um die Kombinationen aufgehen zu lassen – wie zum Beispiel beim Matcha-Eis mit Wasabi. Das Meteo will nicht blenden, sondern verführen. Auch zum Naturwein, der die Karte dominiert. Unbedingt den Empfehlungen von Agathe folgen!

Das Gebäude liegt oberhalb der Römerbrücke und der Klamm im Erdgeschoss eines palastartigen Baus der vorletzten Jahrhundertwende direkt an der Gilfpromenade. Abendliche Jogger traben unmittelbar an den Speisenden vorbei. Man sitzt bequem unter Markisen und an Bistrotischchen mitten im Grünen oder drinnen in durchaus gediegenem, aber leicht in die Jahre gekommenem Ambiente. All das wird eingehüllt vom beruhigenden Rauschen der Passer. Schöner kann man den Sommerabend in ganz Meran nicht verbringen.

Adresse Winterpromenade 51, 39012 Meran | **ÖPNV** nur zur Fuß über die Winter- beziehungsweise Gilfpromenade | **Öffnungszeiten** Do–Mo 18.30–22 Uhr | **Tipp** Wer auf dem Rückweg über die Römerbrücke die Flussseite wechselt, kann einen Kreis beschreiben und auf der Sommerpromenade zurück ins Zentrum laufen.

51 Napoleons Totenmaske
Der vervielfältigte Kaiser

Ein Gipsabguss von Napoleons Totenmaske konnte zum Recherchezeitpunkt online für gut 500 Euro erworben werden. Deswegen vorab schon der Spoiler: Totenmasken des Kaisers sind weiter verbreitet, als man denkt, auch wenn diejenige in Meran aus Bronze ist und als »Original« gilt. Original kann schließlich nur exakt die eine Totenmaske sein, die Napoleon Bonaparte von seinem Leibarzt Francesco Antommarchi zwei Tage nach seinem Tod abgenommen wurde, nachdem er 1821 in der Verbannung auf St. Helena jung gestorben war – ob an Magenkrebs oder Arsenvergiftung, wird wohl nie geklärt werden. Nur 51 Jahre wurde der Ex-Kaiser alt.

Antommarchi nahm die eigentliche Totenmaske aus Gips mit nach Paris, wo von dieser Gussformen hergestellt wurden. Fünf Masken sind anschließend in der Werkstatt von Richard und Quesnel in Bronze gegossen worden, wie eine Gravur samt Antommarchis Namen besagt. Unterschrieben, wie man häufig liest, hat der Leibarzt diese jedoch nicht, und um Originale handelt es sich nur insofern, als dass alle fünf der Originaltotenmaske abgenommen wurden.

Eine liegt im Louisiana State Museum in New Orleans, eine andere im Hôtel des Monnaies in Paris, die dritte im Athenaeum in Philadelphia, die vierte im Napoleonic Museum in Santiago de Cuba (Antommarchi ist später nach Kuba ausgewandert und dort verstorben) und die fünfte und letzte im Meraner Palais Mamming, dem Stadtmuseum. Daneben sind noch weitere Gipsabgüsse im Umlauf, einer davon befindet sich beispielsweise im Münchner Stadtmuseum, wird als authentisch bezeichnet und soll schon 1828 abgenommen worden sein. Ein weiterer im Militärhistorischen Museum in Wolkenstein wird gar auf das Jahr 1821 datiert.

Zahlreiche Abgüsse von Napoleons Totenmaske fanden also als historische Artefakte ihren Weg in verschiedene Sammlungen und Museen. Und so auch nach Meran. Der Verbleib des Originals hingegen ist ungeklärt.

Adresse Palais Mamming, Pfarrplatz 6, 39012 Meran | **ÖPNV** Bus 3ME, Haltestelle Rennweg; Bus 1ME, Haltestelle Theaterplatz, über die Laubengasse zu Fuß erreichbar | **Öffnungszeiten** Di–Sa 10.30–17 Uhr, So und Feiertage 10.30–13 Uhr | **Tipp** Die kleine Barbarakapelle beim Palais Mamming wird leicht übersehen, obwohl von ihrer ehemaligen Funktion als Beinhaus noch eine Gruft überdauert hat.

52 — Das Ottmangut
Wo die Zitronen blühen

Das Ottmangut ist ein legendärer Ort. Das Weingut wurde 1850 vom Geschäftsmann Alois Kirchlechner gekauft und als Landsitz außerhalb der Stadtmauern genutzt. Auf den Unternehmer geht auch die Orangerie zurück, die sich der Zitrusliebhaber bauen ließ, um keine Zölle zahlen zu müssen. Der Garten ist noch heute ein einzigartiges mediterranes Paradies, ein Fluchtort und Idyll, das auch in der Toskana hervorstechen würde. Gäste kamen von Anfang an, aber der eigentliche Gastbetrieb begann mit der Einrichtung eines Buschenschanks. 1914 listete der Baedeker das Gut erstmals unter den Beherbergungsbetrieben Merans auf.

Jahrzehntelang wurde das Gut verpachtet, nach einer umfassenden Renovierung aber übernahm Familie Kirchlechner wieder die Regie. Inzwischen firmiert das traditionsreiche Haus als »Suite & Breakfast«, die individuell gestalteten Rückzugsräume sind mehr als profane Hotelzimmer: Der Ecksalon ist im Biedermeierstil eingerichtet, das Turmzimmer verfügt über Zirbenholzmöbel und eine großartige Weitsicht, das Palmenzimmer geht auf den Garten hinaus, die Suite unter den Linden wartet mit Fischgrätparkett auf. Nur elf Zimmer sind es insgesamt, alle wurden behutsam modernisiert und verbinden zeitgemäße Klarheit mit traditionellen Materialien. Die Kachelöfen wurden nicht etwa abgerissen, sondern aufgearbeitet und inszeniert. Legendär ist das Frühstück, das auch Gästen von auswärts offensteht, sofern diese sich zeitig anmelden. Im Palmengarten oder im lichten Frühstücksraum werden dann drei Gänge serviert, die zudem wechseln.

Einen Restaurantbetrieb hat das Ottmangut nicht mehr, das wäre zu aufwendig und zu personalintensiv. Aber einmal wöchentlich wird dennoch aufgekocht, die Gäste werden an einer langen Tafel platziert, und die Menüfolge bleibt eine Überraschung. Der Abend nennt sich »La Tavolata« und ist auf dem Weg, eine neue Legende im legendären Ottmangut zu werden.

Adresse Verdistraße 18, 39012 Meran, www.ottmangut.it | **ÖPNV** Bus 210, 3ME, Haltestelle Karl-Wolf-Parkplatz | **Öffnungszeiten** täglich zum Frühstück, Di ab 18.30 Uhr auch zum Abendessen, beides nur mit Anmeldung per E-Mail an info@ottmangut.it | **Tipp** Über den Schlehdorfweg hinter dem Ottmangut führt ein wenig frequentierter Aufgang direkt zum Tappeinerweg.

53 — Der Panorama-Sessellift
Meran sanft entschweben

Der Begriff Sessellift ist in diesem Fall wörtlich zu nehmen, und jüngere Semester werden Bauklötze staunen. Den Älteren wiederum ist so ein Einer-Sessellift vielleicht noch vom Skifahren in Österreich bekannt. Dort ist das windige Ding jedoch gründlich aus der Mode gekommen, wohingegen in Meran einer überlebt hat.

Zugegeben: Der Lift nach Dorf Tirol wurde in den 1980er Jahren generalüberholt. Damals übernahm die Familie Götschl, die auch das Hotel-Restaurant Panorama an der Bergstation führt, die Anlage. Den Betrieb hatte der Lift schon Ende der 1940er Jahre aufgenommen. Er half dabei, den Radius von Nachkriegstouristen und Wanderern zu erweitern. Im Tourismusgeschäft redet man von Diversifikation, wenn es darum geht, die Besucher zu verteilen und möglichst unterschiedlichen Aktivitäten zuzuführen – das ist umso wichtiger, je mehr es werden. Denn wenn alle jeden Tag nur auf den Promenaden auf und ab schlenderten, wäre schnell Schicht im Schacht.

Die Lifte rund um Meran spielen und spielten dabei eine nicht zu unterschätzende Rolle, von den Anfängen bis zur Einrichtung des Ski-und Wandergebiets Meran 2000. Wobei Meran dabei keine Vorreiterrolle einnimmt. Der erste Personenlift nahm noch vor dem Ersten Weltkrieg in Bozen Fahrt auf.

Der ursprüngliche Charme des Sessellifts nach Dorf Tirol ist größtenteils erhalten, das beginnt schon mit der Fassade des Kassenhäuschens unweit der Lauben, geht beim unveränderten Logo weiter bis hin zu der eigentlichen historischen Anlage, auf der immer noch zwei Liftwarte für den sicheren Ein- und Ausstieg sorgen. Lediglich 180 Höhenmeter überbrückt der Lift und schwebt dabei über Wingerte und den Tappeinerweg hinauf zur Bergstation. Von dort kommt man zu Fuß oder mit dem Bus nach Dorf Tirol, oder man wandert über den Tiroler Steig zum Tappeinerweg hinunter und gelangt auf ihm zurück in die Altstadt.

Adresse Talstation: Galileistraße 42, 39012 Meran, www.panoramalift.it | **ÖPNV** Bus 3ME, Haltestelle Rennweg, zu Fuß von den Lauben in wenigen Minuten erreichbar | **Öffnungszeiten** April–Juni und Mitte Sept.–Okt. täglich 9–18 Uhr, Juli–Mitte Sept. täglich 9–19 Uhr | **Tipp** Direkt gegenüber der Talstation lassen sich alte Waffen und historisches Mobiliar in der Landesfürstlichen Burg bewundern.

54　Der Pavillon des Fleurs
Das Herz des Kurbetriebs

Das berühmte Kurhaus an der Passerpromenade besteht aus zwei lang gestreckten Flügeln: der linke, klassizistische ist der ältere, der rechte, am Jugendstil ausgerichtete der jüngere. Der ältere Westflügel wurde samt Lesesaal, Raucher- sowie Damensalon und dem zentralen Pavillon des Fleurs, dem Spiegelsaal, bereits 1874 eröffnet. Der Spiegelsaal wurde in den folgenden Jahren vom Tanz-, Gala- und Bankettsaal schrittweise zum Theater umfunktioniert.

Schon fünf Jahre nach der Eröffnung begann ein fest engagiertes Theaterensemble, das Haus während der Kursaison zu bespielen. Für die Nachfrage sorgte das Großstadtpublikum, das meist mehrere Monate in Meran zur Kur weilte und nach Ablenkung und Zerstreuung verlangte. Geselligkeit spielte bei der Entscheidung für einen Kurort eine genauso wichtige Rolle wie die medizinische Versorgung. Eine Kur stellte sozusagen die Legitimation für süßes Nichtstun dar und muss als Vorläufer des heutigen Tourismus begriffen werden. Auch die ersten Seebäder wurden zu gesundheitlichen Zwecken betrieben, flankiert von Casinos, Promenaden, Kaffeehäusern und eben Theatern.

Im Anschluss an Kaiserin Sisis Aufenthalt 1870/71 stieg die jährliche Gästezahl in Meran von etwa 3.000 auf 5.000, um in den Jahren vor der Jahrhundertwende auf weit über 10.000 anzuschwellen – was mehr Kurgäste als Einwohner bedeutete! Die Stadt passte sich daher den Bedürfnissen ihrer temporären Bewohner schrittweise an, nicht nur durch den Bau von Pensionen, Hotels und Sanatorien, sondern auch was eine weltläufige, fast großstädtische Vergnügungs-Architektur anging. Diese wiederum zeigte sich exemplarisch im Kurhaus: Schnell wurde der Pavillon zu klein, man ließ anbauen. Die zentrale Rotunde sowie der große Kursaal im Ostflügel folgten 1913 und 1914. Der Gebäudekomplex hätte noch weitläufiger ausfallen sollen, nur kam der Erste Weltkrieg dazwischen. Der Kurbetrieb erlag vorübergehend und Meran wurde zur Lazarettstadt.

Adresse Passerpromenade (Kurpromenade), 39012 Meran | **ÖPNV** Bus 3ME, Haltestelle Rennweg; Bus 1ME, Haltestelle Theaterplatz | **Öffnungszeiten** Saal nur zu Veranstaltungen zugänglich, Ensemble auch von außen zu bewundern | **Tipp** Die Kurverwaltung und Touristeninformation hat ihren Sitz im Kurhauskomplex, sodass man jederzeit einen Blick hineinwerfen kann. Am besten von der Freiheitsstraße aus.

55 Der Pferderennplatz
Heimat der Haflinger

Es scheint, als wäre die Pferderennbahn in Untermais untrennbar mit Meran verbunden. Dabei wurde das 40 Hektar große Oval erst 1935 eingeweiht – damals wurde mit dem »Großen Preis von Meran« erstmalig ein Hindernisrennen ausgelobt, das heute zu den bedeutendsten in Europa gehört.

Die Gründung der Rennbahn war Teil eines umfassenden Plans zur Förderung des Pferdesports einerseits und der Freizeitaktivitäten andererseits – zwischen den Kriegen emanzipierte sich Meran von seinem Ruf als Kurstadt und wurde zusehends zur mondänen Sommerfrische-Destination. Und da brauchte es mehr als nur gutes Klima und Heilwasseranwendungen zur Belustigung der Gäste. Die Einrichtung einer Pferderennbahn erweiterte das touristische Angebot und steigerte die Attraktivität der Stadt als Reiseziel – bis heute.

20 Renntage mit etwa 140 Einzelrennen finden über die Saison verteilt statt, die mit dem Haflinger Galopprennen am Ostermontag eingeläutet wird. Der damit einhergehende festliche Umzug von Pferden und Reitern durch die Altstadt von Meran gehört zu *den* Touristenmagneten schlechthin. Haflinger stammen von Saumpferden ab, die zwischen Etsch und Talfer eingesetzt wurden, um die entlegenen Weiler und Höfe zu versorgen. Mit der Zeit bildete sich eine genügsame, relativ kleinwüchsige Rasse heraus, die zu den Ponys zählt. Namensgebend ist das Dorf Hafling unmittelbar bei Meran.

Weder muss man zum Festzug in Meran sein noch ein Rennen abwarten, um das Hippodrom zu besuchen. Das Areal ist vormittags für das Pferdetraining geöffnet, und auch Besucher haben Zutritt. Seit 2022 ist die Bar Luis Club von 7 bis 20 Uhr eine Anlaufstation im Erdgeschoss der Tribünenbauten. Ihr Name bezieht sich auf das Haus Luis Franciacorta, das Schaumweine im Champagnerstil produziert. Die Bar fungiert zugleich als Patisserie, und so lässt sich ein gediegenes Champagnerfrühstück am Rennplatz einnehmen.

Adresse Gampenstraße 140, 39012 Meran, www.ippodromomerano.it | **Öffnungszeiten** in der Regel tagsüber zugänglich | **Tipp** Die Rockarena wenige hundert Meter vor der Rennbahn ist Merans Klettertreffpunkt – inklusive Außenareal.

56 Die Promenaden
Weltberühmte Spazierwege

Auch wenn heute nichts mehr darauf hindeutet und sich die Übernachtungspreise mit jeder Hauptstadt messen können: Bevor die ersten Kurgäste anrückten, war Meran nur eine verschlafene Kleinstadt ohne die logistischen Voraussetzungen für Fremdenverkehr und ohne attraktive Aufenthaltsmöglichkeiten. Kurpromenade, Gilfpromenade, Sommer- und Winterpromenade: Die Spazierwege entlang der Passer sind – wie das Kurhaus und die Wandelhalle – erst für die Kurgäste geschaffen worden. Und zwar ausschließlich für diese. 1884 wurde eine »Promenaden-Ordnung« veröffentlicht. Eine »Curpolizei« wachte darüber, dass die Einheimischen den Gästen nicht die Sitzbänke wegnahmen. Während des Ersten Weltkriegs war es genesenden Soldaten verboten, die Promenaden zu nutzen, um niemanden zu erschrecken.

1836 weilte die Fürstin von Schwarzenberg in Meran und hatte ihren Leibarzt Johann Nepomuk Huber dabei. Dieser publizierte im Jahr darauf eine Schrift mit dem Titel »Über die Stadt Meran in Tirol, ihre Umgebung und ihr Klima nebst Bemerkungen über Milch-, Molken- und Traubenkur und nahe Mineralquellen«. Durch die klimatischen Verhältnisse könnten »viele Kranke geheilt, noch Mehrere aber am Leben erhalten werden«, schrieb er und empfahl zu diesem Zweck mehrmonatige Aufenthalte in Meran. 1840 öffnete in Obermais eine erste Heilanstalt samt Kurmöglichkeit ihre Pforten: der Auftakt zu Merans Weltkarriere als mondäne Kurstadt und Südbalkon Österreichs.

Endgültig zu Weltruhm kam Meran durch den Aufenthalt von Sisi 1870/71. Hartnäckig hält sich der Mythos, die österreichische Kaiserin sei vom Volk zunächst gar nicht erkannt worden. Kein Wunder, denn die Kaiserin reiste für ihre Verhältnisse recht unauffällig an und hatte lediglich den »allernotwendigsten Hofstaat« im Schlepptau, inklusive Zofen, Köchen, Reitknechten und Leibärzten ein Gefolge von 113 Personen. So etwas geht schnell mal unter.

Adresse Passerpromenade, 39012 Meran | **ÖPNV** Bus 1ME, 3ME, 4, Haltestelle Elisabeth-Park | **Öffnungszeiten** rund um die Uhr zugänglich | **Tipp** Ab der Postbrücke ist die Passerpromenade auch zur anderen Seite hin einen Spaziergang wert, weniger mondän, aber umso lebendiger.

57 Der Pulverturm
Beste Aussichten

Keine Frage, die Aussicht von der Plattform des Pulverturms ist ikonisch. Wer dort oben steht, blickt sozusagen auf das Cover von einem guten Dutzend Meran-Büchern. Und deswegen gehört der Pulverturm auch in diese Sammlung an Meraner Orten, man sollte ihn wirklich nicht verpassen. Wer nur eine Stunde Zeit in Meran hat, sollte zum Pulverturm gehen.

Eigentlich war der Pulverturm der Bergfried der Burg Ortenstein, die ansonsten verschwunden ist. Noch eine Burganlage wäre ja auch fast zu viel angesichts der Burgendichte rund um Meran. Im 18. Jahrhundert begann die Stadt damit, den Turm – weil so schön abgelegen außerhalb ihrer Mauern – als Lager für Schießpulver zu nutzen; daher der heutige Name. Es heißt, die Bestände an Schwarzpulver seien im Nachgang des Dreißigjährigen Krieges besorgniserregend angewachsen. Und mit dem Friedensschluss stellte sich die Frage: Wohin damit? Dies ist auch der Grund, warum der Turm stehen blieb, während die Mauer und die Burgreste abgetragen und die Steine anderweitig verbaut wurden.

Gefährlich sind heute nur noch die Stoßzeiten am späten Vormittag und am Nachmittag. Dann herrscht während der Sommermonate wirklich Andrang, wohingegen man um 9 Uhr früh, wenn der Turm beim schönsten Morgenlicht geöffnet wird, wirklich Glück haben kann. Und seien wir ehrlich: So eine Aussicht kann man gar nicht für sich allein beanspruchen.

Den zweiten Cappuccino im Hotel kann man schon deswegen getrost überspringen, weil sich der urige »Chiosco Pulverturm«, der vor Ort für das leibliche Wohl sorgt, auf Hamburger spezialisiert hat (und zwar vernünftige, keine extravaganten) und sehr zur Freude des Autors fränkisches Flaschenbier ausschenkt. Das alles zu für Meran sehr humanen Preisen. Unbedingt sollte man auch die Tagesgerichte erfragen. Der Kiosk hat ausreichend Sitzplätze und ist eine Art Geheimtipp für den Mittag.

Adresse Tappeinerweg, 39012 Meran | ÖPNV Bus 1ME, Haltestelle Theaterplatz, zu Fuß über den Tappeinerweg zu erreichen | Öffnungszeiten Turm täglich 9–17 Uhr; Kiosk 10–18 Uhr | Tipp Hinter dem Turm und auf dem Tappeinerweg bekommt man anhand der Felsformationen, die »Gletscherschliffe« genannt werden, einen Eindruck vom Wirken der Urgewalten.

58 — Der Römerkeller
Aus Italiens Küchen

Der Römerkeller in Meran ist Teil einer Restaurantkette, von der es auch Ableger in Bozen, Algund und Padua gibt. Die Betreibergesellschaft nennt sich lustigerweise »Römer Group«. In Meran residiert man in einem Gebäude aus dem 14. Jahrhundert in den Lauben. Und da sitzen die Gäste inmitten eines derart opulenten Gewölbes, dass sich allein deswegen – und weil es dort sommers so schön kühl ist – der Besuch lohnt. Und es gibt, wie der Name schon sagt, einen Keller, in dem diniert werden kann, genauer gesagt: den Weinkeller. Noch kühler, nackte Steinwände, spektakulär!

Der Keller existiert also tatsächlich, Römer bleiben allerdings Fehlanzeige. Nichts am Angebot ist dezidiert römisch, eher bietet die Küche ein umfangreiches Crossover italienischer Gerichte, das von unterschiedlichen Pizzen, Pasta, hochwertigen Meeresprodukten und Fleischgerichten bis hin zu einer vernünftigen vegetarischen und sogar veganen Auswahl reicht. Für Familien oder große Gruppen mit unterschiedlichen Ansprüchen und Geschmäckern ist das ein Riesenvorteil, den man andernorts nicht so schnell bekommt. Oder zumindest nicht in dieser Bandbreite. Dass sich dezidierte Südtiroler Gerichte als »Tirolesi« ebenfalls auf der Karte finden, zeugt einmal mehr vom Vorsatz, es wirklich allen recht zu machen: Selbst hier bei den Römern gibt es die Knödeltrilogie!

Normalerweise ist so ein umfangreiches Angebot in der Gastronomie eher ein Alarmzeichen. Aber im Römerkeller ist die Küche gut besetzt, und das Personal hat alles im Griff, der Service ist auch bei voll besetztem Haus aufmerksam und schnell. Übrigens hat es die Römer Group geschafft, in Meran gleich eine zweite Filiale zu eröffnen, und zwar am Corso della Libertà. Wenn wirklich kein Platz mehr sein sollte, ließe sich also noch ausweichen, wobei es im Römerkeller am Corso weder Römer noch Keller gibt. Dafür aber eine ähnlich breite Auswahl an Speis und Trank.

Adresse Laubengasse 107, 39012 Meran, www.roemerkeller.it | **ÖPNV** Bus 3ME, Haltestelle Rennweg, fußläufig in der zentralen Laubengasse | **Öffnungszeiten** täglich 11.30–14.30 und 17.30–23 Uhr | **Tipp** Eine Alternative, zumindest was gute Pizzen angeht, ist das Bistro Hellweger's gegenüber der Pfarrkirche nur ein paar Schritte weiter im Hof.

59 — Das Rössl Bianco
Das älteste Gasthaus der Stadt

Einer der spektakulärsten Beherbergungsbetriebe ganz Merans bleibt nahezu unsichtbar, einzig ein Schild weist den Weg in den Durchgang zum Hinterhof und in den ersten Stock. Dort steht man in einer Art mittelalterlichem Atrium, einem überdachten Hof, der auch die Kulisse eines Theaterstücks sein könnte.

Schon 1745 wird das Weiße Rössl als »Tafferne« urkundlich erwähnt, es stellt damit das älteste verbürgte Gasthaus Merans dar. Wobei das Gebäude selbst noch weit älteren Datums ist und auf das tiefe Mittelalter zurückgeht. Die Stuckdecken, das wuchtige Gebälk im Gotischen Saal und die romanischen Mauerreste sind bestens erhalten, was einem doppeltem Glücksfall geschuldet ist – nein, sogar einem dreifachen: Erstens stand das Haus jahrzehntelang leer, wurde also nicht renoviert. Zweitens fiel es dann in die Hände des Volkskundlers und Investors Harald Haller, der erkannte, welche Perle er da vor sich hatte, und seine Architekten das Ensemble behutsam instand setzen ließ – und zwar ohne die Spuren der Vergangenheit zu tilgen. Der dritte Glücksfall ist die Wiedereröffnung des Gasthauses samt neun Gästezimmern vor wenigen Jahren als »Rössl Bianco«.

So rustikal das Ambiente ist, so umsichtig wurden die Zimmer auf die Höhe der Zeit gebracht – zum Beispiel durch den Einbau einer Fußbodenheizung, die einerseits unsichtbar bleibt und andererseits für wohlige Wärme sorgt. Nestwärme strahlt auch das Pächterpaar aus, das Gast- und Restaurationsbetrieb zusammen mit den beiden Söhnen leitet.

Man muss sich nicht gleich einmieten, um das Ensemble in Augenschein zu nehmen: Ein »B&B&B« nennt sich das Rössl Bianco und meint damit neben Bed and Breakfast auch das Bistro. Auswärtige Gäste sind sowohl zum Frühstücksbüfett als auch zum Aperitif oder zum vollständigen Menü willkommen – im Sommer auch im kleinen Garten. Eine ganz dringende Empfehlung!

Adresse Laubengasse 357, 39012 Meran, www.roesslbianco.it | **ÖPNV** Bus 3ME, Haltestelle Rennweg | **Öffnungszeiten** Bistro täglich 12–14 und 18.30–21.30 Uhr | **Tipp** Espresso vor dem Frühstück? Kein Problem! Die Bar Edi im nahen Rennweg macht schon um 7 Uhr auf und ist nicht ohne Grund meist gut besucht.

60 Das Rosty
Last Exit Mühlgraben

Hier kommt ein echter Geheimtipp, von dem der Autor nicht wüsste, wäre er nicht mit den Servicekräften in Meran abgehangen – also denjenigen, die dafür sorgen, dass der Nachschub an Kaffee, Aperol Spritz und Forst-Bier nicht versiegt. Die müssen nach der Schicht nämlich auch mal essen und runterkommen. Dafür geht es nach Mitternacht zum Rosty, einem neapolitanisch geprägten Imbiss abseits der gängigen Routen – auch untertags ein heiß frittierter Tipp! Nachts ist er aber zumindest in der Altstadt ohne Konkurrenz, denn die Meraner Zeiten sind rigide, häufig schließt die Küche schon um 21 Uhr – von nach Mitternacht ganz zu schweigen.

So konsequent wie goldrichtig liegt das Rosty am Mühlgraben – jener schmalen Verbindungsgasse zwischen Lauben, Sparkassenstraße und Freiheitsstraße, die meist keine Beachtung findet. Warum genau dort nachts Partyvolk durchströmt, hat der Autor allerdings nicht weiter erfragt. Das Rosty ist jedenfalls ein Anziehungspunkt für alle Nachtschwärmer, von denen es in Meran erstaunlich viele gibt. Wo die nur alle hinwollen?

Man wählt aus der Auslage, nicht von der Karte, und man wird automatisch mehr bestellen, als sich gut verdauen lässt. Das Angebot »Junkfood« zu nennen wäre gemein, belassen wir es bei »Comfort Food« und bei dem Hinweis, wie goldrichtig Frittiertes bei nächtlichem Heißhunger sein kann. Die beiden Betreiber sind erst kürzlich aus familiären Gründen nach Meran gezogen und haben Lasagne – zum Spottpreis für Meraner Verhältnisse – ebenso im Programm wie Pizzastücke oder jene mit Käse gefüllten Kroketten, die sich Stunden später noch im Verdauungstrakt bemerkbar machen. Und eine Frittata, die nur so runterrutscht und wohlig warm den ausgehungerten Magen füllt. Dazu Moretti-Bier und anschließend nach Hause rollen, die Lauben hinunter ... ein Traum von Neapel mitten in Meran! Schwere Träume später in der Nacht allerdings inbegriffen.

Adresse Mühlgraben 2, 39012 Meran | **ÖPNV** Bus 3ME, Haltestelle Rennweg; Bus 1ME, Haltestelle Theaterplatz | **Öffnungszeiten** Mo–Sa 12–15 und 17–1 Uhr, So 12–15.30 Uhr | **Tipp** Um die Ecke in den Lauben residiert das Kunst Meran, das in diesem Buch kein eigenes Kapitel bekommen hat und deswegen unbedingt hier erwähnt werden muss. Neue Kunst im altehrwürdigen Arkadenbau!

61 Das Schloss Labers
Die Falschgeldzentrale

Unglaublich, aber wahr: Auf Schloss Labers war während der deutschen Besatzung ein SS-Kommando damit beschäftigt, massenweise Falschgeld in Umlauf zu bringen, um in England die Inflation anzuheizen und der Wirtschaft zu schaden. Meran war dafür der perfekte Standort, einerseits wegen der Nähe des Absatz- und Geldwäschemarktes Schweiz, andererseits weil Meran als Lazarettstadt einen Sonderstatus innehatte und nicht bombardiert wurde.

Diese sogenannte »Aktion Bernhard« war von Adolf Hitler persönlich abgesegnet worden und wurde mit erheblichem Aufwand betrieben – wobei über Schloss Labers gewissermaßen der Vertrieb bewerkstelligt wurde. Die Herstellung der Pfundnoten erfolgte in zwei Blöcken des KZs Sachsenhausen.

Der enorme Umfang der Produktion ist ebenso verblüffend wie die Qualität der Banknoten: 1943 wurden pro Monat über eine halbe Million Scheine gedruckt, insgesamt waren es etwa 15 Prozent des britischen Bargeldumlaufes. Zudem waren die Pfundnoten so täuschend echt, dass die Bank of England nach dem Zweiten Weltkrieg alle Geldscheine im Wert von über fünf Pfund einziehen und mit aufpolierten Sicherheitsmerkmalen neu ausgeben musste.

Dem SS-Mann Friedrich Schwend kam unter dem Decknamen Dr. Fritz Wendig die Aufgabe zu, vom beschlagnahmten Schloss Labers aus die Logistik zu organisieren, sprich: das Falschgeld unter die Leute zu bringen. Bezahlt wurden Aktionen der SS oder Agenten. Etwa ein Drittel der Geldmenge stand Schwend, dessen etwa 50 Mitarbeitern und den diversen »Zwischenhändlern« zu. Mit anderen Worten: Ein signifikanter Teil zirkulierte in und um Meran. Adolf Burger, der aus der Slowakei stammte und jüdischen Glaubens war, gehörte als gelernter Typograf zu den mit dem Druck betrauten KZ-Häftlingen. Er zeigte sich in seinen Memoiren überzeugt davon, dass mit dem Falschgeld auch Hotels, Villen und Unternehmen vor Ort gekauft wurden.

Adresse Labers 25, 39012 Meran, www.castellolabers.it | ÖPNV Bus 1ME, 204, 225, Haltestelle Brücke Rametz, von dort zu Fuß circa 400 Meter bergan | Öffnungszeiten wegen Umbauten und geplanter Neueröffnung als Hotel derzeit nur von außen zu besichtigen | Tipp Unterhalb der Laberserstraße liegt die über einen Fußweg zugängliche St.-Valentin-Kapelle. Von dort kommt man über den Sissi-Weg zurück in die Innenstadt.

62 — Das Sisi-Denkmal
Der Mythos lebt

Mehr noch als das Klima und die verschiedenen Kureinrichtungen hat eine kaiserliche Hoheit Meran populär gemacht: Kaiserin Elisabeth von Österreich-Ungarn, besser bekannt als Sisi. Ein lokaler Mythos erzählt, diese sei zunächst gar nicht erkannt worden, als sie 1870 zum ersten Mal nach Meran reiste, um dort zu überwintern. Heute kommt man an ihr nicht vorbei. Man kann essen, wo Sisi aß, schlafen, wo sie schlief, wandeln, wo sie wandelte. Dem Mythos zuliebe wurde schon 1903 eine Skulptur aus Laaser Marmor mitten in Meran aufgestellt: Sisi überlebensgroß inmitten von Linden, Zedern und Kiefern. Schon 1870 wurde die Parkanlage auf den Namen von Sisis Tochter Marie Valerie getauft, später jedoch in »Elisabeth-Park« umbenannt, heute ist sie als »Sissi-Park« bekannt. Mit Doppel-S, weil man sich in Meran lieber an die Film-Sissi als an das historische Original hält.

Der Park ist Teil der Sommerpromenade und zugleich Ausgangspunkt des Sissi-Weges nach Schloss Trauttmansdorff. Dort waren anlässlich des ersten Aufenthalts der Kaiserin zahlreiche Gemächer eigens für sie renoviert worden. Grund für Sisis ersten von insgesamt vier Besuchen war der kränkliche Nachwuchs, die zweijährige Marie Valerie. Deren Zustand besserte sich schon nach wenigen Wochen, und Wiener Zeitungen begannen, von Merans Vorzügen zu berichten, vom milden Klima und der mediterranen Schönheit, die gar nicht allzu weit entfernt lag. Ein Trend wurde geboren, wesentliche Elemente des Meraner Kurbetriebes wie die Wandelhalle oder das Kurhaus wurden erst Jahre später eingeweiht. Die Bahnverbindung nach Bozen und damit der Anschluss an die Brennerbahn folgte gar erst 1881.

Das Sisi-Denkmal musste übrigens zwischenzeitlich weichen, es war den italienischen Faschisten ein Dorn im Auge und wurde daher an den Parkrand verbannt. Erst 1977 wurde es an die ursprüngliche Stelle zurückversetzt.

Adresse Cavourstraße 1, 39012 Meran | **ÖPNV** Bus 3, Haltestelle Elisabeth-Park | **Öffnungszeiten** rund um die Uhr zugänglich | **Tipp** Der Kopf des Denkmals ist übrigens eine Nachbildung, das Original wurde dereinst von den Faschisten abgeschlagen und wird inzwischen im Meraner Stadtmuseum im Palais Mamming ausgestellt.

63 Die Soldatenfriedhöfe
Im Tode vereint

Merans Stadtfriedhof ist zweimal erweitert worden. Zunächst 1917, als die Anzahl verstorbener österreichisch-ungarischer Soldaten überhandnahm und die zuvor angelegten »Heldengräber« nicht mehr ausreichten. Flugs wurden die Felder südwestlich des eigentlichen Friedhofsareals angekauft und zum österreichischen Soldatenfriedhof ausgestaltet. Die heute dort liegenden sterblichen Überreste von über 1.500 Soldaten sind nicht unmittelbarem Kampfgeschehen geschuldet, sondern den Hospizen von Meran: Dort starben die zuvor Verwundeten. Während des Zweiten Weltkrieges wurden zudem kleinere Soldatenfriedhöfe aufgelöst und die Skelette nach Meran transferiert. Dazu kamen noch reihenweise Leichen aus dem Ersten Weltkrieg, die im Gebirgskrieg, der »Guerra Bianca«, umgekommen waren und erst nach und nach von den Gletschern wieder hergegeben wurden – insbesondere rund um den Ortler.

Die zweite Erweiterung fand während des Zweiten Weltkrieges statt und diente der Aufnahme verstorbener deutscher Soldaten. 1943, im Anschluss an den Einmarsch, richtete die Wehrmacht direkt neben dem österreichischen Bereich einen eigenen ein – ebenfalls hauptsächlich für die Toten aus den Meraner Lazaretten. Aus der Kurstadt war wie schon während des Ersten Weltkrieges eine Lazarettstadt geworden, indem man ganz offiziell auf die Logistik der Kurhotels und Krankenhäuser zurückgriff. Dieser Umstand verschonte Meran davor, Ziel von Bombenangriffen zu werden.

1956 wurde die deutsche Anlage noch einmal erweitert und wird seitdem vom Volksbund Deutsche Kriegsgräberfürsorge e. V. gepflegt und erhalten. Seitdem ist sie mit dem österreichischen Bereich lose verbunden. Mittlerweile umrahmen ausgewachsene Eichen das Areal. Ein dritter Militärfriedhof samt eigenem Ehrenmal liegt gleich gegenüber. Es ist der italienische, der ebenfalls im Zweiten Weltkrieg angelegt wurde.

Adresse St.-Josef-Straße 11, 39012 Meran | **ÖPNV** Bus 1ME, Haltestelle Friedhof, oder zu Fuß vom Meraner Hauptbahnhof, direkter Zugang zu den Soldatenfriedhöfen derzeit gesperrt, Eintritt nur über das Hauptportal | **Öffnungszeiten** täglich 8–20 Uhr | **Tipp** Am südöstlichen Ende des Areals findet sich eine kleine, kaum zu erahnende muslimische Gräberstätte.

64 Das Soulfood
Im Pizza-Himmel

Das mit der besten Pizza Merans ist so eine Sache. Die Vorlieben sind unterschiedlich, die Philosophien der *pizzaioli*, der Pizzabäcker, ebenfalls. Das Soulfood ist jedenfalls seit seinem Umzug aus Schenna ein heißer Kandidat auf den Titel, der Gambero Rosso vergab noch für den alten Standort »due spicchi« – zwei von drei möglichen Pizzastücken, also die Auszeichnung »sehr gut«.

Zufall ist das nicht. Francesco Previati ist gelernter Bäcker und hat seinen Pizzateig so liebevoll wie akribisch aus chemiefreien, steingemahlenen italienischen Mehlen zusammengestellt. Dieses traditionelle Verfahren ist schonend, das Mehl wird dabei nicht erhitzt. Keine Überraschung, denn Francesco führt zusätzlich die Bäckerei Backificio in Lana, deren Brot sogar an Sternerestaurants verkauft wird.

Zwischen 24 und 48 Stunden lang darf der Pizzateig ruhen, dadurch wird die Elastizität größer und das Aroma kräftiger. Mit dem gleichen Sinn für Details optimiert Francesco den Sugo. Er greift dafür auf die Piennolo-Tomate zurück, die an den Hängen des Vesuvs wächst. Näher kann man dem Ideal einer neapolitanischen Pizza kaum kommen. Das will Francesco auch gar nicht, denn für den Belag nimmt er Mozzarella aus der Umgebung. Logisch, denn der sollte möglichst frisch sein. Das Resultat gibt es in 25 verschiedenen Varianten und gehört nicht beschrieben, sondern probiert!

Insbesondere am Wochenende sollte man vorab reservieren, im Zweifel lassen sich die Pizzen auch mitnehmen. Wer das Glück hat, im Herbst oder Winter in Meran zu sein, der kann immer donnerstags am »Giro« teilnehmen – vorausgesetzt, man hat Freunde oder Familie, die mitkommen. Zum Festpreis serviert das Soulfood dann eine Pizza nach der anderen, die jeweils in die Tischmitte gestellt und geteilt wird. Schluss ist erst, wenn ein Stück übrig bleibt. Da wird sie dann garantiert mit dabei sein: die beste Pizza Merans!

Adresse Piavestraße 50, 39012 Meran, www.soulfood.bz | ÖPNV Bus 211, 212, Haltestelle Tennis | Öffnungszeiten Do–Di 18–23 Uhr | Tipp Wer Lokale mit persönlicher Note liebt, muss die Bar Erika gegenüber besuchen. Nicht nur die Innenräume sind sehenswert, auch der kleine Garten erstickt geradezu in Klimbim und Bling-Bling.

65 — Der Speck von Tito
Voller Schweinereien

Tito Braito ist eine Legende. Er wurde überregional für seine hervorragenden Fleisch- und Wurstwaren bekannt, die ursprünglich von seinem Bauernhof im Fleimstal stammten. Der Meister hat das Zeitliche gesegnet, aber die Familie führt sein Werk fort und hat neben dem Geschäft in Bozen auch einen Laden in Meran eröffnet: den »Maso dello Speck«, was übersetzt »Speckbauernhof« bedeutet.

Abgesehen von Knödeln sind wenige Lebensmittel so stark mit Südtirol verbunden wie der Speck. Damit wird im Alpenraum nicht etwa die Schwarte bezeichnet, sondern Bauch und Rückenstücke, die vor dem Pökeln, dem Räuchern und dem Reifen vom Knochen getrennt werden, daher die fast quadratische Form. Im Norden wird Schinken meist geräuchert, im Süden luftgereift – in Südtirol kombiniert man beide Verfahren. Auch wenn der Maso expandiert hat, der Qualität tut das keinen Abbruch. Herstellungsverfahren und Reifezeiten sind vorgeschrieben, Südtiroler Speck ist ursprungsgeschützt.

Wobei das übervolle Ladengeschäft natürlich wesentlich mehr bietet als Speckstapel und herabhängende Schinken. Wurstwaren zum Beispiel, die sowohl nach italienischer als auch nach Südtiroler Tradition hergestellt werden, außerdem Schüttelbrot in diversen Größen und von verschiedenen Produzenten sowie eine ansehnliche Auswahl an Käse und Feinschmeckerprodukte aus der Region. Der Maso fertigt inzwischen auch Knödel selbst, darunter Speck-, Käse- und Pfifferlingvarianten, die man zu Hause (oder im Wasserkocher des Hotelzimmers) einfach durchziehen lässt. Kein Quadratzentimeter bleibt hier ungenutzt, überall stapelt sich die Ware – auch ohne feste Kaufabsicht ein optisches Vergnügen!

Im Obergeschoss findet man zudem eine Vinothek mit alltagstauglichen Weinen, aber auch Raritäten: reifere Jahrgänge der Star-Weingüter Ornellaia und Sassicaia beispielsweise – für schlappe 200 beziehungsweise 300 Euro pro Flasche.

Adresse Laubengasse 282, 39012 Meran | **ÖPNV** Bus 3ME, Haltestelle Rennweg, fußläufig in der Altstadt | **Öffnungszeiten** Mo–Sa 9–19 Uhr, So 10–18 Uhr | **Tipp** Mal in Erwägung gezogen, Tracht zu tragen? Ein paar Meter weiter, im Martone-Haus, gibt es bei »Amadeus Tracht« das komplette Sortiment!

66 Die Spronser Seen
Funkelnde Juwelen

Die insgesamt zehn Spronser Seen liegen allesamt auf über 2.000 Metern im Naturpark Texelgruppe und entziehen sich dem Publikumsverkehr weitestgehend, weil man nur zu Fuß hinkommt. So schwierig, wie dies erst mal klingt, ist der Weg aber gar nicht. Von Dorf Tirol aus lassen sich Hunderte Höhenmeter überspringen, indem man sich von der Hochmuthbahn auf 1.200 Meter bringen lässt. Von den Muthöfen aus sind es dann nur noch gute 2,5 Stunden (700 Höhenmeter) bis ins Spronser Hochtal und zur Schutzhütte Oberkaseralm auf circa 2.100 Metern. Man kommt also durchaus innerhalb eines Tages hin und wieder zurück, grundlegende Bergerfahrung vorausgesetzt.

Die Wanderung lässt sich über den Langsee und die beiden Milchseen bis zum Schutzhaus Hochgang fortsetzen, wieder hinunter geht es dann mit dem Korblift von der Leiteralm nach Vellau – das ist hochalpin, setzt Erfahrung voraus und will gut geplant sein.

Die Spronser Seen gelten als größte hochalpine Seenplatte der Ostalpen und schillern in einer erstaunlichen Farbpalette, wie manche der Namen verraten: Grünsee, Schwarzsee, Milchsee, Schiefersee. Das Wasser ist weich und mineralarm und ungemein empfindlich gegen Eingriffe oder Verschmutzung. Die Seen wirken inmitten der spröden, vegetationslosen Berglandschaft sonderbar ernst. Sie sind eine Hinterlassenschaft der letzten Eiszeit, Gletscherzungen haben die Mulden gegraben, sich dann zurückgezogen und hochalpine Seen zurückgelassen. Gletscher arbeiten wie ein gigantischer Schleifstein, der das Gestein unter sich zermahlt und abträgt.

Das Spektakuläre an dieser Hochlandschaft ist die Kombination der schroffen Dreitausender der Texelgruppe mit der Stille der Seen. Urtümlich wirkt dieses Zusammenspiel und eigenartig beruhigend. So als hätten die Gletscher gestern erst abgelassen, als wäre die letzte Eiszeit gerade erst vorbei. Der Lärm der Welt ist ganz weit weg, liegt vergessen weit unten im Tal.

Adresse Oberkaseralm, Spronserweg, 2, 39019 Meran | **ÖPNV** nur zu erwandern, am besten über die Muthöfe oberhalb von Dorf Tirol, hinauf mit der Hochmuthbahn | **Tipp** Die Oberkaseralm bietet unweit der Seen Verpflegung und ein Quartier an. Wer oben bleibt, spart sich den langen Rückweg für den nächsten Tag auf. Unbedingt reservieren!

67 — Das Steinachviertel
Mit allen Wassern

Merans Herz ist aus Stein, aber nicht aus jenem der Arkaden und der Laubengasse. Dort, wo heute die Touristen ausschwärmen, ist Meran vergleichsweise jung. Der älteste, engste und untouristischste Teil ist das Steinachviertel jenseits der Pfarrkirche.

Die Ruhe, die es verströmt, ist nicht selbstverständlich. Bis in die 1960er Jahre nahm der Autoverkehr aus dem Passeiertal den Weg, den zuvor auch die Karren und Ochsengespanne genommen hatten: durch das Passeirer Tor und über die gleichnamige Gasse bis zum Pfarrplatz. Erst mit dem Bau der Brücke über die Gilfklamm wurde der anschwellende Individualverkehr über die andere Uferseite und damit komplett um die Innenstadt herumgeleitet.

Den Namen soll das Viertel bekommen haben, weil es entweder direkt auf einem alten Flussbett der Passer oder aber aus den vom Fluss herangeschafften Steinen erbaut wurde – »steinach« steht für steinig. Von der mittelalterlichen Atmosphäre zehrt das Viertel noch heute, wenngleich lichte Neubauten die Atmosphäre auflockern und in die Lücken zwischen den Häusern Bäume gepflanzt wurden. Einzig die Passeirergasse ist noch so eng, wie es hier wohl vor Jahrhunderten überall zugegangen sein muss.

Die Passer scheint fern, fließt jedoch nur wenige Höhenmeter unterhalb des alten Stadtkerns. Zuvor muss sie durch die Enge der Gilfklamm, das Steinachviertel liegt nur scheinbar gut geschützt in der Flussbiegung. Merans ältere Geschichte ist voller übler Hochwasser, immer traf es das Steinachviertel.

Im 19. Jahrhundert wurde der Flusslauf ab der Gilfschlucht begradigt, vertieft und mit Uferstreifen ausgestattet, die das Hochwasser dämpfen, wenn nicht sogar ganz aufnehmen können. Heute machen der Mühlbach und der Haarwaal Sorgen, beide Fließgewässer durchqueren Meran unterirdisch, sind also überbaut. Und es ist unklar, wie viel Wasser sie bei Starkregen aufnehmen können. Aber entsprechende Berechnungen werden derzeit von der Stadt angestellt.

Adresse 39012 Meran | **ÖPNV** Bus 1ME, Haltestelle Theaterplatz, zu Fuß über die Laubengasse an der Pfarrkirche vorbei | **Tipp** Unbedingt die Street-Art in der Passeirergasse ablaufen. Eine lange, kahle Mauer wurde dort durchaus künstlerisch als Leinwand benutzt.

68 Der Steinerne Steg
Die älteste Brücke Merans

Im 17. Jahrhundert wurde ein hölzerner Steg über die Passer durch eine Rundbogenbrücke ersetzt. Diese steht heute noch und verbindet das historische Zentrum von Meran mit den Villen von Obermais. Sie führt als reine Fußpassage aus der Stadt hinaus und ist zugleich Teil des Sissi-Weges nach Schloss Trauttmansdorff. Mit nur zwei Bögen ist die Passer überbrückt und das Villenviertel erreicht.

Nach der Annexion Südtirols durch das Königreich Italien und mit dem Bemühen der Faschisten in den 1920er Jahren, Südtirol im Allgemeinen und Ortsnamen im Besonderen zu italienisieren, bekam der Übergang den Namen »Ponte Romano« verpasst. Ein zweispaltiges Register der deutschsprachigen Alpenzeitung vom 16. Mai 1935 zeugt von den Umbenennungen. Dort heißt es: »Die Umschriften und Übertragungen der Straßentafeln sind bereits erfolgt. Die Bevölkerung soll von nun an nur mehr die neue Bezeichnung gebrauchen.« Im Fall der Brücke wurde der neue Name jedoch frei erfunden, in älteren Verzeichnissen lautete die gebräuchliche italienische Bezeichnung »Ponte di Pietra«, also Steinbrücke. Von einem römischen Vorgängerbau, auf den die neue Bezeichnung verwies, fehlt jede Spur, er existierte nie. Dennoch ist heute auch auf Deutsch zuweilen vom »Römersteg« die Rede.

Der Steg gibt nicht nur den Blick auf die Gilfklamm und die darüber liegende Zenoburg frei, sondern fungiert außerdem als Scharnier zwischen Winter- und Sommerpromenade dies- und jenseits der Passer. Er ist also ein ideales Ziel für einen kleinen Rundgang mit Ausgangspunkt am Kurhaus oder der Wandelhalle – auch oder gerade im Winter. Zurück zum Ausgangspunkt geht es dann über die Postbrücke, die ebenfalls ein historisches Bauwerk darstellt, aber von 1909 stammt. Mit Jugendstilornamentik und aus Eisenbeton wurde sie von den Meraner Kaufleuten erbaut, um einen östlichen Zugang zur Altstadt zu schaffen. Sie ist im Originalzustand erhalten und wurde erst kürzlich renoviert.

Adresse 39012 Meran | **ÖPNV** Bus 1ME, Haltestelle Theaterplatz, zu Fuß über die Winter- oder Sommerpromenade erreichbar | **Tipp** Die meisten Besucher biegen auf die Gilfpromenade und Richtung Tappeinerweg ab, dabei ist der Uferweg in Richtung Gilfschlucht so unanstrengend wie spektakulär.

69 Die Synagoge
Spuren jüdischen Lebens

Merans Synagoge stammt von 1901 und wurde vor allem wegen der Vielzahl jüdischer Kurgäste erbaut, es gab damals sogar ein jüdisches Sanatorium. Die eigentliche jüdische Gemeinde war vergleichsweise klein, prägte aber die Entwicklung zum international bekannten Kurort maßgeblich mit.

Die Familien Bermann, Biedermann und Schwarz waren als Hoteliers, Wirte, Bierbrauer und Bänker hauptverantwortlich für das, was man heute touristische Infrastruktur und PR nennen würde. Joseph Bermann betrieb ab 1880 die Pension Starkenhof als explizit koschere Beherbergung mit zwei Küchen: eine für Fleischgerichte, die andere für Milchspeisen. Die Nachfrage war groß. 1865 ließ sich Raffael Hausmann in Meran nieder, der sich in der Folge als Kurarzt einen Namen machte. Einen ersten Betsaal eröffnete man dann auch im jüdischen Sanatorium, bevor die Synagoge bezogen werden konnte. Diese wurde zwischen 1943 und 1945 als Pferdestall zweckentfremdet, überstand die deutsche Besetzung ansonsten aber unversehrt und steht noch heute.

Die jüdische Bevölkerung Merans, die keinen italienischen Pass besaß, wurde hingegen schon 1939 ausgewiesen – also vier Jahre bevor die deutsche Wehrmacht einrückte. Schon 1931 hatte sich eine NSDAP-Ortsgruppe gegründet, bereits 1933 war es zu ersten Übergriffen gekommen. Von den etwa 50 Meranern jüdischen Bekenntnisses, die in der Stadt geblieben waren, überlebten nur acht.

An die Deportierten und Ermordeten erinnert seit 1947 eine Gedenktafel samt Denkmal am einstigen Haus der faschistischen Jugend in der Otto-Huber-Straße 16 – also dem Ort, an dem sie zusammengetrieben wurden. Wie stark die Meraner Bürgerschaft mit Faschismus und Nationalsozialismus verstrickt war, zeigen Sabine Mayr und Joachim Innerhofer in der Publikation »Mörderische Heimat« von 2015. Beide führen heute das kleine Museum jüdischen Lebens, das der Synagoge angeschlossen ist.

Adresse Schillerstraße 14, 39012 Meran, www.meranoebraica.it | **ÖPNV** Bus 221 und Überlandbusse, Haltestelle Therme | **Öffnungszeiten** Museum und Synagoge: Mo–Fr 9–12 Uhr | **Tipp** Über die Leopardistraße kommt man ans Passerufer, und der Luther-Steg bringt einen an das ruhigere Ende der Passerpromenade und direkt zu riesenhaften Alleebäumen.

70 Der Tappeinerweg
Den Horizont erweitern

Der Tappeinerweg verläuft entlang des Küchelbergs etwa 50 Höhenmeter über der Stadt. Er ist fast vollkommen eben, breit, fein geschottert und bestens zum entspannten Promenieren geeignet, früher wie heute. Gedacht war er für leichte Bewegung, also für die sogenannte Terrainkur, wie sie vor der Wende zum 20. Jahrhundert in Mode kam. Man hatte entdeckt, dass Bewegung an der frischen Luft der Gesundheit förderlich ist. Dafür brauchte es entsprechende Freilichteinrichtungen.

Initiiert und finanziert wurde die Promenade vom Laaser Kurarzt Dr. Franz Tappeiner, der 1846 nach Meran übergesiedelt war. Der Eröffnungsfeier 1892 blieb der scheue Tappeiner allerdings fern, er hatte sich vorsichtshalber aus der Stadt abgesetzt. Eine Marmorstatue wurde ihm später an einem Aussichtspunkt dennoch gewidmet – Ehre, wem Ehre gebührt.

Die sonnenverwöhnte Route bietet eindrückliche Panoramen über den Talkessel und die Stadt. Die ursprüngliche Länge von zwei Kilometern ab dem Pulverturm wurde später bis nach Gratsch erweitert, sodass die Wanderung auf dem Algunder Waalweg fortgesetzt werden kann. Zahlreiche kurze Stiegen und Steige verbinden die Altstadt Merans an verschiedenen Punkten mit der berühmten Promenade. Unterwegs wandelt man gleichzeitig sowohl durch alpine Trockenvegetation als auch inmitten mediterraner Pflanzen. Tappeiner selbst war studierter Biologe und setzte sich von Anfang an für eine ansprechende Bepflanzung der Promenade ein. Über 400 verschiedene Pflanzen inklusive Palmen und Zypressen sollen es sein, der Kräutergarten der Meraner Stadtgärtnerei auf Höhe der Pfarrkirche nicht eingerechnet.

Entlang des Tappeinerwegs laden zahlreiche Parkbänke dazu ein, eine Pause einzulegen und die Umgebung zu genießen. Außerdem ist der Weg gesäumt von verschiedenen gastronomischen Einrichtungen, darunter der Gastgarten der Saxifraga Stub'n. Knödeltrilogie mit Aussicht gefällig? Aber bitte!

Adresse Tappeinerweg, 39010 Meran | **ÖPNV** zu Fuß vom Stadtzentrum über mehrere Zuwege schnell erreichbar | **Öffnungszeiten** jederzeit zugänglich, zur Blütezeit im Frühjahr am schönsten | **Tipp** Die Gaststätte Leiter am Algunder Waal geht auf das 13. Jahrhundert zurück und serviert moderne Alpenküche in einem spektakulär renovierten Gebäudeensemble.

71 Die Therme
Naked Brunch

Die Meraner Therme sei etwas ganz Besonderes, sagen die Einheimischen. Aber sagen das nicht auch die Tölzer oder die Treuchtlinger? Dem müssen wir also auf den Grund gehen, aber womit fangen wir an? Mit der schieren Größe des Areals? Oder damit, dass das Thermengelände völlig zu Recht »Park« heißt und neben den ortsüblichen Palmen und einem ungechlorten Naturbadesee auch einen Seerosen- und sogar einen Schildkrötenteich aufweist – nebst kubusartig überdachten Sonnenbetten, den sogenannten Relax Lounges? Oder beginnen wir mit den Saunen? Gleich zwei finnische gibt es, eine drinnen und eine draußen als Blockhaus. Desgleichen zwei Dampfbäder, das normale wird von einem futuristisch-loungeartigen Honigdampfbad ergänzt, in dem in der Tat Bienensummen eingespielt wird und der Aufguss Südtiroler Honig beinhaltet. Selbstverständlichkeiten wie Whirlpool, Schwimmbecken oder Thermalpools (es gibt insgesamt 15) müssen wir gar nicht erst erwähnen.

So weit, so gut. Aber kommen wir zum entscheidenden Detail: der Kulinarik. Wer käme in Bad Tölz oder Treuchtlingen auf die Idee, wegen des Essens in die Therme zu gehen? Das kantinenartige Angebot nimmt man dort eher als notwendiges Übel hin. Nicht so in Meran. Die Pasta im Bistro ist hausgemacht, und die Karte wechselt wöchentlich. Neben einem Businesslunch wird täglich außer sonntags ein opulenter Brunch serviert, der zum Thermeneintritt hinzugebucht werden kann. Früchte und Müsli, Gebäck, Speck, Lachs und pochierte Eier sowie Kaffee, Tee und Saft gibt es jeweils zwischen 9 und 11.30 Uhr – zwischen den Saunagängen oder dem Bahnenziehen im Becken. Wenn das kein Start in den Tag ist! Auch der Tagesausklang kann in der Therme begangen werden, und zwar beim *aperitivo*. Das Getränk ist im Eintritt inkludiert, die Südtiroler Lebensart ebenso. Die Meraner Therme ist in der Tat etwas Besonderes!

Adresse Thermenplatz 9, 39012 Meran, www.termemerano.it | ÖPNV Bus 5ME, 6ME, 201, 211, Haltestelle Therme | Öffnungszeiten täglich 9–21 Uhr | Tipp Gegenüber der Therme steht der Prunkbau des Hotels Meranerhof, einst eine der ersten Adressen Merans und noch heute ein Viersternehotel.

72 Der Tirolersteig
Alter Fußweg

Merans Promenaden und die frühe Infrastruktur der Stadt in Ehren, doch es gibt Wege, die sind älter als der Tourismus. Zum Beispiel der Tirolersteig, die Fußverbindung zwischen Meran und Dorf Tirol. Dieser Weg wurde nach dem Zweiten Weltkrieg durch den Sessellift überflüssig gemacht, er kann aber heute noch begangen werden. Der Begriff »Steig« klingt nach alpinem Abenteuer, aber es geht im Grunde nur etwas steiler bergan, als das heutzutage allgemein üblich ist.

Der Tirolersteig ist Teil des Panoramarundwegs und als solcher ausgeschildert, eine Einstiegsmöglichkeit liegt am Tappeinerweg, genauer am Café Saxifraga. Eigentlich beginnt der Steig direkt im Zentrum Merans mit einer Treppenpassage hinter der Pfarrkirche. Er ist mithin die kürzeste Verbindung zum Dorf Tirol. Auf gut einem Kilometer überwindet man 170 Höhenmeter bis zur Anhöhe und dem ebenen Weg nach Dorf Tirol oder zur Bergstation des Sesselliftes. Darum geht es dabei aber nicht, sondern vielmehr um die zahllosen Ausblicke über Meran, die sich unterwegs ergeben.

Der Tiroler Steig geht vermutlich auf einen Saumpfad zurück, also eine Verbindung zwischen der Stadt und dem Dorf, die mit Lasttieren begangen wurde, um Waren vom und zum Markt zu befördern. Dabei wurden Ochsen, Pferde oder Maulesel genutzt, für die die Steigung kein Problem darstellte. Allerdings nicht im Geschirr oder mit Karren, dafür waren die Wege zu eng und zu steil. Einzig das jeweilige Lasttier wurde beladen, die Frachtmenge war also stark begrenzt.

Historische Pfade wie diesen kurzen Abschnitt gibt es im gesamten Vinschgau bis nach Oberstdorf. Die alpinen Steige wurden dazu genutzt, dem Zoll ein Schnippchen zu schlagen und ungesehen beispielsweise Salz oder Kaffee zu schmuggeln. Übrigens bezeichnete ab dem 13. Jahrhundert das Wort »Sommelier« den Säumer, den Führer der Lasttiere. Später wurde er auf Weinhändler und dann auch Weinkellner übertragen.

Adresse hinter der Pfarrkirche, 39012 Meran | **ÖPNV** direkt in der Innenstadt, zurück entweder über den Sessellift oder von Dorf Tirol aus mit Bus 221; alternativ Panoramaweg zurück ins Stadtzentrum | **Tipp** Über die Falknerpromenade gelangt man in Dorf Tirol zur Brunnenburg, zum Schloss Tirol und zur Falknerei.

73 Die Trattoria Flora
Henkersmahlzeit mit Anspruch

Die Trattoria Flora residiert in den Meraner Lauben und formuliert den Anspruch, auf das Jahr 1400 zurückzugehen (»est. 1400«). Das ist nicht ganz wahr, nur das Gebäude samt dem Gewölbekeller, von dem noch die Rede sein wird, stammt aus der Hochgotik. Die Geschichte des Restaurants ist wesentlich kürzer, aber spektakulär: Das Flora war in den 1990er Jahren das erste und lange Zeit einzige Sternerestaurant Merans. Inzwischen wurden sechs Restaurants in und um Meran vom Guide Michelin ausgezeichnet, das Flora hingegen hat ein freiwilliges Downgrade zur Trattoria hinter sich. Was nicht als Qualitätseinbuße zu sehen ist, sondern als ein Bekenntnis zur hochwertigen, aber unkomplizierten Küche Venetiens.

Eine »Trattoria« ist ein Gasthaus, kein Sternerestaurant, und im Flora werden heute unter anderem Cicchetti serviert, also klassisch venezianisches Fingerfood beziehungsweise Venedigs Antwort auf die spanischen Tapas. Cicchetti sind so variantenreich wie delikat und passen als kleine Happen perfekt zum Wein – sternewürdig sind sie nicht. »Cucina casareccia« ist das Stichwort, auf Deutsch: Hausmannskost. Das Ganze ist unkompliziert, aber mit besten Zutaten, durchaus anspruchsvoll und nicht ganz günstig.

Sowohl die lange und glanzvolle Vergangenheit als auch die unkomplizierte Gegenwart spiegeln sich im Ambiente und in der Ausstattung des Restaurants wider. Die Trattoria bespielt jene Gewölbekeller, in denen einst Gefängniszellen untergebracht waren. Das Gebäude war lange der Gerichtssitz Merans, und Delinquenten wurden gleich vor Ort eingebuchtet. Heute schwimmen hier unten ein paar Koikarpfen träge umher, die Gewölbebögen aus Backstein wurden freigelegt, und die Trattoria ist teils rustikal, teils im Industrie-Chic eingerichtet. Dem Feinschmeckermagazin Falstaff ist all dies 81 von 100 möglichen Punkten wert – kein Sternemenü, aber eine außergewöhnliche Henkersmahlzeit.

Adresse Laubengasse 75, 39012 Meran, www.trattoriaflora.it | **ÖPNV** Bus 3ME, Haltestelle Rennweg | **Öffnungszeiten** Di–Sa 11.45–14.45 und 18.30–21.45 Uhr | **Tipp** Die Trattoria Al Boia Partanes liegt nur wenige Meter weiter in der Hallergasse und serviert tapasartige kleine Portionen – ideal, um sich durchzuprobieren.

74 — Das Touriseum
Südtiroler Tourismusgeschichte

Südtirol ist mit über 36 Millionen Übernachtungen im Jahr eine *der* touristischen Destinationen Europas, fast eine Viertelmillion Gästebetten stehen in der Region zur Verfügung – halb so viele wie auf Mallorca. 10.000 Besucher streben im Sommer täglich an den Pragser Wildsee, nachdem sie sich vorher online angemeldet haben. Wie kam es zu dieser Entwicklung, obwohl die Bergwelt noch vor 200 Jahren als unwirtlich und abweisend galt? Wie wurde Meran zur Kurstadt, und wie wandelten sich die Besucher im Laufe der Zeit? Auf all diese Fragen gibt das Touriseum Antwort, das im Meraner Touristenhotspot schlechthin beheimatet ist: in Schloss Trauttmansdorff.

Ein Parcours führt durch über 250 Jahre Tourismusgeschichte, thematisiert den frühen Kurbetrieb, die Rolle der Eisenbahn und später die des Privatautos bei der langsamen, aber stetig fortschreitenden Einnahme des Landstrichs durch die Besucher. In Bezug auf die 1970er Jahre spricht die Ausstellung von einem Goldrausch, der noch das letzte Dorf erfasste, und vergisst dabei nicht zu erwähnen, dass der Tourismus die ökonomische Grundlage dafür darstellt, dass Südtirol seine Idylle überhaupt bewahren kann. »Der Tourist zerstört, was er sucht, indem er es findet«, schrieb Hans Magnus Enzensberger schon in den 1960er Jahren und behält gewiss recht, wenn es um die Drei Zinnen oder eben den Pragser Wildsee geht. Anders aber als etwa in Barcelona oder in Teilen Mallorcas genießt Südtirol das Glück der Weitläufigkeit, der Kleinteiligkeit der Landschaft und der zahlreichen Zentren. Die Übernachtungen verteilen sich, Overtourism herrscht nur punktuell, und diese Punkte lassen sich gut meiden.

Der Parcours in Schloss Trauttmansdorff inszeniert diese und weitere Themen auch mittels Film- und Audiomaterial zu einem lebendigen Tableau – und schafft damit einen weiteren Tourismusmagneten.

Adresse St.-Valentin-Straße 51a, 39012 Meran, www.touriseum.it | **ÖPNV** Bus 1ME, 232, Haltestelle Trautmannsdorff | **Öffnungszeiten** April–Mitte Nov. täglich 9–19 Uhr | **Tipp** Den Thun'schen Gucker in den Trauttmansdorffer Gärten sollte man nicht verpassen! Von der Aussichtsplattform aus überblickt man Meran, die Texelgruppe und das Etschtal.

75 Das Tuo
Big in Merano

Das Tuo trägt dick auf. Aber das muss wahrscheinlich so sein, wenn man eine dermaßen große Location im Ortsteil Sinich auf die Beine gestellt hat. Zwischen Baumarkt und Obstgroßhandel, unweit der Etsch und nahe der MeBo, wurde ein moderner Kubus hingesetzt, der hinter hohen Glasfronten so einiges zu bieten hat: Frühstück, Streetfood, Aperitif und Menü. Bar und Restaurant, mittägliche Anlaufstelle und abendliche Eventlocation – das Tuo will all dies sein und am liebsten noch mehr: die erste Adresse für original Pinsa und für elaborierte Burger, jung, kosmopolitisch und elegant obendrein. Pinsa ist übrigens die römische Variante der Pizza, die eine luftigere Basis haben soll, welche aus verschiedenen Mehlsorten und Sauerteig gebacken wird. Sie ist also unterm Strich auch nichts anderes als ein belegter Brotfladen, nur hipper.

Dass der vielseitige Ansatz gelingt, liegt nicht nur an der mangelnden Konkurrenz im überwiegend konservativ geprägten Gastronomie-Milieu Merans und ganz Südtirols, sondern auch an der konsequenten Umsetzung. Freitags und samstags wandelt sich der mondäne Restaurantbereich in eine Partylocation, DJs legen bis weit nach Mitternacht auf. Das ist im Meraner Land nun wirklich einmalig: vom Abendessen an die Bar wechseln und später noch tanzen!

Dafür, dass der Laden sich ordentlich füllt, sorgen Themenabende, für die man unbedingt reservieren sollte, beispielsweise am Valentinstag, an Halloween oder zu Silvester. Auch für private Veranstaltungen lässt sich das Ensemble buchen, weshalb man vor einem Besuch sichergehen sollte, dass sich nicht gerade eine geschlossene Gesellschaft dort trifft.

Event, Party, Cocktails: Das Tuo ist so etwas wie das Gegenteil von Alpenkitsch, Sisi-Heimeligkeit und Knödeltrilogie und deshalb auch unter der jüngeren Bevölkerung zur Anlaufstation geworden. Unlängst wurde das Tuo unter die beliebtesten Cocktailbars Südtirols gewählt.

Adresse Reichstraße 72/A, 39012 Meran, www.tuomerano.it | **ÖPNV** Bus 210, Haltestelle Enrico-Fermi-Straße | **Öffnungszeiten** täglich außer Mo ab 9 Uhr, Di–Do bis 0 Uhr, Fr, Sa bis 2 Uhr, So bis 23 Uhr | **Tipp** Jenseits der Etsch, an der Max-Valier-Straße, serviert die Sportgaststätte Lanarena klassische Pizzen zu vernünftigen Preisen.

76 Der Valentinhof
Bio-Pionier mit Hofladen

Mit der Umstellung auf biologischen Betrieb wurde der Valentinhof schon 1996 zum Vorreiter, ebenso mit dem Wechsel vom ausschließlichen Apfel- zum Gemüseanbau zur Jahrtausendwende. Zehn Jahre später öffnete der Hofladen, das Frischesortiment an Obst und Gemüse wird inzwischen durch Beeren und Steinobst ergänzt. Hof und Laden liegen kurz vor dem Zusammenfluss von Etsch und Passer, also keinen Kilometer hinter dem Bahnhof, sodass beide zu Fuß gut zu erreichen sind. Eine super Möglichkeit, sich während des Urlaubs mit regionaler Bioqualität einzudecken – nachhaltiger geht es nicht!

Lukas Unterhofer betreibt den Familienhof und bezeichnet sich selbst als »kreativen Jungbauern«, der mit Lust und Elan den Ausbau des Hofs zum Nahversorger weiter vorantreibt. So erfolgreich, dass er einen Preis der Südtiroler Jungbauern bekommen hat und renommierte Restaurants wie das Ottmangut versorgt. Meranweit werden darüber hinaus auch Privathaushalte beliefert – mit dem Fahrrad. Für die wöchentliche Abokiste lässt sich angeben, was man nicht drin haben möchte, dann wird je nach Verfügbarkeit bestückt. Individuelle Bestellungen gehen auch, die Webseite verrät, was aktuell im Programm ist und Saison hat.

Es gibt aber außer der Bevorratung mit Lebensmitteln noch einen Grund, den Valentinhof anzusteuern: Im Garten sind Bistrotische aufgestellt, und zum Winterhalbjahr wird ein kleines Gewächshaus zum lichten Café umgestaltet. Im Sommer steht der Laufkundschaft samstags bei schönem Wetter überdies ein Frühstücksbüfett zum Pauschalpreis zur Verfügung. Auffallen wird einem die Dekoration aus getrockneten Wiesenblumen, die von Hand bildschön zu Sträußen arrangiert wurden. Die Blumen werden vor Ort gesammelt, getrocknet und gebunden – und können erworben werden. Wer bei so viel bio gleich einziehen möchte: Zwei Ferienwohnungen für bis zu sechs Personen gäbe es.

Adresse Schießstandstraße 143, 39012 Meran, www.valentinhof.bio | ÖPNV Bus 1ME, Haltestelle Combi, von dort 300 Meter zu Fuß | Öffnungszeiten Hofladen: Di–Sa 9–12 Uhr, Di–Fr 15.30–18.30 Uhr | Tipp Vom Hof läuft man nur wenige hundert Meter bis zur Mündung der Passer in die Etsch.

77 — Die Villa Helioburg
Morgensterns Sterbeort

Christian Morgenstern, der Dichter der »Galgenlieder«, hat sich als Kind vermutlich bei seiner Mutter mit Tuberkulose angesteckt. Der Erreger schlummerte in seinem Körper, und während Schwächeperioden brach die Krankheit aus. Morgensterns Leben war stark von der Tuberkulose geprägt. Seine zahlreichen Aufenthalte in Heilbädern und Sanatorien – weit über ein Dutzend – zeugen von den wiederkehrenden Ausbrüchen des Leidens.

Morgenstern war ruhelos unterwegs und verband Kuraufenthalte mit ausgedehnten Reisen, was seine ohnehin geschwächte Verfassung weiter beeinträchtigt haben dürfte. Mehrfach weilte er in Davos, reiste über Verona bis nach Sizilien, wollte mehrere Monate bleiben, erkrankte aber erneut und begab sich zurück in ein Sanatorium zur Liegekur. Nach Meran war er 1909 erstmals gekommen und hatte in Obermais residiert. Sein letzter Aufenthalt 1914 war dem Zufall geschuldet. Morgenstern wollte eigentlich mit seiner Frau in ein Sanatorium des Luftkurortes Arco, ein paar Kilometer nördlich des Gardasees. Dort aber wurden sie abgewiesen, Morgensterns Zustand war zu schlecht – einen offensichtlich sterbenden Kurgast wollte man nicht. Nach einer Zwischenstation in Bozen ging es nach Meran und dort nach Untermais in die Villa Helioburg.

»Jetzt liege ich wieder einmal danieder und komme nicht in die Höhe«, schrieb Morgenstern in einem Brief, er arbeitete derweil aber weiter an Druckfahnen und wurde an seinen letzten Tagen vom berühmten Kurarzt Hartung von Hartungen betreut. Am 31. März 1914 starb er ebenda. Aber auch nach seinem Tod kam Morgenstern nicht zur Ruhe. Seine Leiche wurde nach Basel überführt und dort eingeäschert. Rudolf Steiner nahm sich der Urne an und stellte diese im anthroposophischen Tagungs- und Festspielort Goetheanum auf. Beigesetzt wurde die Urne dort erst 1992, im sogenannten Gedenkhain, in dem auch die Überreste Steiners liegen. Und zwar irgendwo: Grabsteine gibt es dort nicht.

Adresse Waalweg, Ecke Lorbeergasse, 39012 Meran | **ÖPNV** Bus 4, Haltestelle Parinistraße; alternativ zu Fuß von der Romstraße hinauf | **Öffnungszeiten** nur von außen zu besichtigen | **Tipp** Unmittelbar vor dem Haus taucht ein Waal von unter dem Asphalt auf und verläuft von da an oberirdisch.

78 Die Villa Ottoburg
Franz Kafkas Residenz

Ursprünglich wollte Franz Kafka nach Bad Tölz, um München und seinem Verleger nahe zu sein. Doch daraus wurde nichts, der tschechische Staatsbürger bekam weder Papiere noch die nötige Reiseerlaubnis. Stattdessen wich Kafka auf die Empfehlung von Freunden hin nach Meran aus. Den Grund für den Kuraufenthalt von 1920, seine Tuberkulose-Erkrankung, verschwieg er dort jedoch – sonst hätte er ins Sanatorium wechseln müssen. Stattdessen bezog er in der Villa Ottoburg für fast drei Monate Quartier und folgte der Routine aus Liegekuren, mäßiger Bewegung und regelmäßiger Verpflegung. Nach Prag berichtete er von Fortschritten und Gewichtszunahme, auch weil er wusste, dass Familie und Arbeitgeber – die Versicherungsanstalt, die seinen Aufenthalt finanzierte – dies erwarteten. Er selbst glaubte an psychosomatische Ursachen.

Wir müssen uns also einen Prager Versicherungsangestellten vorstellen, der von der Loggia der Villa Ottoburg aus die Bergsteiger beobachtete, die er oben im Schnee ausmachte. Der sich Zeitungen aus Prag nachschicken ließ, täglich durch Meran spazierte und außerordentlich häufig das Postamt aufsuchte und Briefe an Milena Jesenská aufgab. Diese hatte 1919 einige von Kafkas Erzählungen ins Tschechische übersetzt, woraus sich ein reger Briefwechsel mit Kafka ergab. Dessen Höhepunkt fiel in Kafkas Kurzeit in Meran – fast täglich schrieb er an Milena. Dann aber, im November 1920, beendete er die Brieffreundschaft abrupt, der Briefwechsel versiegte.

Franz Kafka und Milena Jesenská sind sich zeitlebens nur wenige Male leibhaftig begegnet. Kafkas Briefe sind erhalten und berühmt, Milenas nicht. Franz Kafka starb 1924 an Tuberkulose, Milena überlebte ihn um 20 Jahre, wurde als Übersetzerin deutscher Schriftsteller geschätzt und als Journalistin für sozialkritische Reportagen bekannt. Sie starb 1944 im KZ Ravensbrück an den Folgen eines Nierenleidens. Sie wurde 47 Jahre alt.

Adresse Maiastraße 12, 39012 Meran | ÖPNV Bus 210, Haltestelle Matteottistraße, von dort wenige Minuten zu Fuß hangaufwärts | Öffnungszeiten nur von außen zu besichtigen | Tipp Schräg gegenüber der Villa ist Franz und Milena ein kleiner Platz gewidmet, inklusive einer Bank mit einem eingravierten Zitat Kafkas.

79 — Die Villen von Zarenbrunn
Die Stiftung Borodina

Etwas verborgen und von altem Baumbestand umgeben sind die drei historischen Villen von Zarenbrunn samt russisch-orthodoxer St.-Nikolaus-Kirche, die Ende des 19. Jahrhunderts vom Meraner Architekten Tobias Brenner erbaut wurden: die Villa Lituania, die Villa Borodina und die Villa Moskau.

Die Ursprünge des Ensembles reichen in die Blütezeit Merans als Kurstadt zurück, als die Stadt und das Klima noch weit vor dem Ersten Weltkrieg auch von Russland aus Zuspruch erfuhren: Kaufleute, Diplomaten und Mitglieder des zaristischen Hochadels flüchteten vor der nordischen Kälte, um in Meran zu überwintern. Der Anschluss Merans an das Schienennetz 1881 erleichterte diese Reise – mit Kurswägen aus Moskau und St. Petersburg bestanden Direktverbindungen.

Eine eigene Heimstatt bekam diese Gruppe an Kurgästen erst durch eine Stiftung der Moskauerin Nadezhda Ivanovna Borodina. Sie war nur 37-jährig an Tuberkulose verstorben und hatte einen Teil ihres Vermögens dem Meraner »Russenkomitee« vermacht. Dieses begann mit dem Bau eines Sanatoriums – der Villa Borodina – und der genannten orthodoxen Kirche.

Das Ensemble wurde 1897 fertiggestellt, verwaiste aber nach dem Ausbruch des Ersten Weltkriegs zusehends, als der russische Kurbetrieb zum Erliegen gekommen war. Als Kurhotel Zarenbrunn wurden die Gebäude zwar 1978 vorübergehend wiederbelebt, mussten jedoch von der Gemeinde schon 1985 aus der Konkursmasse aufgekauft werden.

Die Gemeindeverwaltung führte in der Folge Umbauten durch, um die historischen Gebäuden umnutzen zu können: Die Villa Lituania wurde zur Senioren-Wohngemeinschaft, in der Villa Borodina und der in Villa Katharina umbenannten Villa Moskau fanden weitere Seniorenwohnungen Platz. Der russische Kulturverein wurde neu begründet, bezog Räumlichkeiten vor Ort und setzt sich seither für die Bewahrung und Tradierung des russischen Kulturerbes in Meran ein.

Adresse Schafferstraße 21, 39012 Meran | **ÖPNV** Bus 210, Haltestelle Koflerplatz, von dort acht Minuten zu Fuß | **Öffnungszeiten** Areal nur zu Veranstaltungen und Gottesdiensten öffentlich zugänglich, orthodoxe Kirche vom Zaun aus zu sehen | **Tipp** Der kleine Maiser Park ein paar Meter weiter beeindruckt mit seinem alten Baumbestand und den bestens in Schuss gehaltenen Spielgeräten.

80 — Die Wallfahrtskirche
Die älteste Kirche Merans

Nicht die Spitalkirche und schon gar nicht die Pfarrkirche ist der älteste Sakralbau Merans, sondern die etwas abgelegene Kirche Maria Trost in Untermais. Das heutige Gebäude stammt aus dem 12. Jahrhundert, geht jedoch auf den Umbau einer weit älteren Kirche aus dem 8. Jahrhundert zurück. Dies ist ein wichtiger Hinweis auf die frühe Bedeutung von Ober- und Untermais für die Stadtwerdung Merans. Der Name »Mais« leitet sich vom römischen Siedlungsnamen »Castrum maiense« ab, der bezeugt, dass die Ursprünge Merans jenseits der heutigen Altstadt und der Passer liegen. Meran wird als eigenständige Siedlung 857 erstmals urkundlich erwähnt.

Die Passer trennte jahrhundertelang nicht nur die Ansiedlungen, sondern auch den kirchlichen Einflussbereich: Untermais gehörte zur Diözese Trient, Meran zur Diözese Chur im Schweizer Graubünden. Untermais war also lange weitgehend unabhängig von Meran, wenngleich beide in weltlicher Hinsicht den Tiroler Grafen unterworfen waren. Als 1816 beide Pfarreien zusammengelegt wurden, ging Meran in der Großpfarrei Untermais auf und nicht etwa umgekehrt. Beide gehörten hinfort zur Diözese Trient. Dies änderte sich erst 1964 mit der Gründung der Diözese Bozen-Brixen.

Wallfahrten zur Maria-Trost-Kirche in Untermais sind seit dem 15. Jahrhundert bezeugt. Maria, die Mutter Gottes, gilt als »Trösterin der Betrübten« – als wundertätige »Santa Maria del Conforto«. Die Wallfahrt gilt der Verehrung des sogenannten Gnadenbilds, einer Darstellung Marias mit Jesuskind. Die zahlreichen Umbauten des romanischen Kerngebäudes im Stil der Gotik, der Renaissance und des Barocks zeigen, wie die Kirche den Bedürfnissen der Gläubigen immer wieder angepasst werden musste. Dieser Eklektizismus macht heute den Reiz aus. Beispielsweise wurde noch 1824 eine neoklassizistische Vorhalle errichtet, und der barocke Turmgiebel wurde erneuert.

Adresse Romstraße 75, 39012 Meran-Untermais | **ÖPNV** Bus 210, Haltestelle Kopflerplatz | **Öffnungszeiten** im Sommer täglich etwa 8–21 Uhr | **Tipp** Der anliegende Friedhof weist sehr alte Grabsteine sowie Grabplatten an der Kirchenmauer auf und zudem das Grabmal des berühmten Kurarztes Dr. Franz Tappeiner.

81 Die Wandelhalle
Sehen und gesehen werden

Bei der Meraner Wandelhalle handelt es sich um eine bildschöne, lang gestreckte Gusseisenkonstruktion direkt am Ufer der Passer. Nomen est omen: Der Bau diente dem Lustwandeln, dem Spaziergehen und dem Aufenthalt an der frischen Luft gerade während der Wintermonate. Den Kurgästen wurden nämlich Bewegung und Sonnenbäder samt Trinkkuren verordnet, all das konnte in der Wandelhalle umgesetzt werden, sodass diese zum sozialen Hotspot des Kurbetriebs wurde. Eine »Trinkhalle« war am oberen Ende eingerichtet, dort wurde nicht nur Mineralwasser, sondern auch Molke und im Herbst Traubensaft ausgegeben.

Nach und nach wurde die Wandelhalle mit Landschaftsgemälden geschmückt sowie mit Büsten und Gedenktafeln von Berühmtheiten oder Bürgern ausstaffiert, die sich um Meran als Kurstadt verdient gemacht hatten. Gewissermaßen hat Meran mit der Wandelhalle den eigenen Erfolg als Kurstadt begründet und diesem zugleich ein Denkmal gesetzt.

Gegen den hölzernen Vorgängerbau hatte es noch Widerstand gegeben. Dieser war um 1850 entlang eines Uferstücks erbaut worden, das von der Bürgerschaft beziehungsweise deren Bediensteten zum Wäschewaschen und -trocknen genutzt wurde. Die innere Reinigung der Kurgäste wog jedoch schwerer, und der Stadtmagistrat setzte den Bau durch – man war darum bemüht, dem gerade erst einsetzenden Kurbetrieb zum Aufblühen zu verhelfen. Bis 1891 wurde dann der heutige Arkadenbau samt der Winterpromenade eingerichtet.

Touristen wollen etwas geboten bekommen, das wusste man schon damals. Frühmorgens gab die Kurkapelle in der zentralen Ehrenhalle ein erstes Konzert, also im mittleren Abschnitt der Wandelhalle. Es ist nicht übertrieben, Wandelhalle und Winterpromenade als einstiges Zentrum des Kurbetriebs zu verstehen. Heute zieht das Ensemble nach wie vor Spaziergänger an, und was einst zeitgemäß und überaus modern war, versprüht jetzt den Zauber der Belle Époque.

Adresse Winterpromenade, 39012 Meran | ÖPNV Bus 3ME, Haltestelle Rennweg | **Öffnungszeiten** rund um die Uhr zugänglich | **Tipp** Die ehemalige Trinkhalle fungiert heute als »Café Wandelhalle« und versteht sich auf allerbesten Cappuccino.

82 — Die Wanderfelsen
Zeugen einer Katastrophe

Fast ganz gerade und friedlich fließt die Passer heute durch Meran, nichts lässt mehr an die verheerende Sturzflut von 1419 denken. Damals war der natürliche Staudamm des Kummersees weit oben im Passeiertal gebrochen, und die Fluten stürzten ins Tal. Nur die beiden Gesteinsbrocken unmittelbar vor der Spitalkirche zum Heiligen Geist erinnern noch an die Katastrophe, sie wurden dort 1419 angespült. Der Fluss hat sie abgelegt und seither nicht wieder abgeholt. Es handelt sich bei ihnen um Porphyrblöcke, Gestein aus erkaltetem Magma. Der Kirchenbau selbst ist jüngeren Datums, das ursprüngliche Sakralgebäude wurde samt Pfarrer und Gläubigen, so heißt es, von der Flut mitgerissen.

Die Sturzflut von 1419 muss katastrophal gewesen sein, war aber kein Einzelfall. Im 17. Jahrhundert wurde kurz nach seiner Fertigstellung der Steinerne Steg von den Passerfluten weggerissen. Der Architekt setzte sich vorsichtshalber erst einmal ab, um dann doch zurückzukehren und die Brücke erneut zu bauen.

Erst ab Mitte des 19. Jahrhunderts wurde die Passer gezähmt und der Flusslauf begradigt. Durch die Verbauung von Zuflüssen und Wildbächen konnten seither nicht nur Überschwemmungen eingedämmt werden. Man verhinderte auch weitgehend, dass entwurzelte Bäume oder Totholz bis an die Brücken der Stadt getrieben wurden – von riesigen Felsbrocken ganz zu schweigen. Damals wurde auch das »grüne Band« durch Meran dies- und jenseits der Passer geschaffen, das mit den berühmten Promenaden bestückt wurde und heute ein durchgehendes Naherholungsgebiet ist.

Trotz dieser Maßnahmen blieb das Hochwasser ein treuer Gast der Stadt. 1873 wurden Teile der Gilfpromenade unterspült. 1960, 1965 und 1966 sowie 1981 gab es größere Überschwemmungen. Heftig traf es die Stadt 1987, als Starkregen mitten im Sommer die Passer anschwellen ließ, bis schließlich fast die Postbrücke überspült wurde.

Adresse Romstraße 1, 39012 Meran | **ÖPNV** Bus 1ME und 3ME, Haltestelle Elisabeth-Park, Felsbrocken an der Kirchenseite in der Cavourstraße | **Tipp** Über den Elisabeth-Park und die Sommerpromenade kommt man entlang der Passer zum Steinernen Steg (Römerbrücke).

83 Das Weingut
Im Keller von Schloss Rametz

Ein Anwesen wie gemalt. Schloss Rametz erfüllt alle Kriterien, die eine Südtiroler Schlossanlage zu erfüllen hat: Hanglage inmitten von Rebgärten, markante Silhouette, efeuberankter Innenhof. Aber es kommt noch besser, denn auf Schloss Rametz wird Wein produziert, und die Anlage samt Kellergewölbe und einem kleinen Weinmuseum ist öffentlich zugänglich. Letzteres ist einerseits der Arbeit im Weinberg und der Weinbereitung gewidmet, andererseits räumt es auch der Speckherstellung Platz ein. Das Museum lässt sich auf eigene Faust besichtigen, aber dann verpasst man etwas. Für ein überschaubares Entgelt kombinieren die Burgherren eine Führung mit einer anschließenden Weinprobe, bei der auch der hausgemachte Speck gereicht wird.

Die Vinothek versammelt neben dem Weinsortiment auch Grappas, Schaumwein, gereifte Balsamico-Essige, Olivenöle aus verschiedenen Regionen Italiens sowie das lokale Schüttelbrot. Sogar ein vor Ort produzierter Limoncello ist mit im Programm. Hätte man nur zwei Stunden Zeit für Meran und Umgebung, Schloss Rametz wäre ein heißer Kandidat, um diese zu investieren und gleich eine ganze Reihe an Südtiroler Themen abzuhaken, Mitbringsel zu besorgen und einfach eine gute Zeit zu haben.

Das Schloss selbst geht auf das 13. Jahrhundert zurück, hier waren schon Berühmtheiten wie Albert von Sachsen, die unvermeidliche Sisi und Alexander von Serbien zu Gast. Weinbaugeschichte hat man geschrieben, als in den Wingerten von Schloss Rametz die erste Spätburgunderrebe Südtirols gesetzt wurde, ein Pinot, der in der Folge Karriere machte. Heute ist der Pinot neben Lagrein und Vernatsch einer der Klassiker des Landstrichs.

Die so malerische Hanglage der Wingerte auf einer Mittelmoräne garantiert Sonne bis zum Abend, sorgt für ausreichend Belüftung durch Fallwinde, wirkt gegen Mehltau und ist wichtig für gesundes Lesegut.

Adresse Laberserstraße 4, 39012 Meran, www.rametz.com | **ÖPNV** Bus 1ME, Haltestelle Brücke Rametz | **Öffnungszeiten** im Sommer Mo–Sa 10–18.30 Uhr, im Winter Di–Fr 10–18 Uhr, Sa 10–14 Uhr | **Tipp** Für den Hin- oder Rückweg in die Innenstadt einfach dem Sisi-Weg folgen und auf den Spuren der Kaiserin wandeln.

84 Die Arunda Sektkellerei
Die höchstgelegene Kellerei Europas

Josef Reiterer gilt als Pionier der Schaumweinproduktion Südtirols, seitdem er vor über 40 Jahren die Kellerei Arunda in seinem Heimatdorf Mölten gegründet hat – also zu einer Zeit, als die meisten hiesigen Weinbauern noch günstig Fassware an größere Produzenten abgaben oder gleich die Trauben verkauften. Die Wende hin zur Qualität stand erst noch bevor, so etwas Aufwendiges wie die Flaschengärung von Schaumweinen schien undenkbar, zumal die Kundschaft dafür fehlte. Ebenso kurios war die Lage von Reiterers Kellerei: hoch über dem Etschtal auf 1.200 Metern und weit entfernt von jedem Rebgarten. Reiterer jedoch schwört auf die Höhe, die Weine reifen dort langsamer, dadurch werden sie komplexer.

Beim »metodo classico«, wie die Herstellungsweise von Champagner in Italien heißt, wird ein Grundwein zunächst auf die Flasche gezogen. Dann kommen Hefen und Süßreserve – entweder Zucker oder ein Süßwein – dazu, was eine zweite Gärung zur Folge hat. Diese sorgt für die typische feine Perlage, die, anders als bei einem simplen Prosecco frizzante, nicht künstlich zugeführt wird. Während der zweiten Gärung entsteht aber noch etwas Wichtigeres: Komplexität beziehungsweise Aromatik. Reiterer lässt seinen Sekten dafür mindestens 24 Monate Zeit, gönnt ihnen also mehr Reife als gesetzlich vorgeschrieben.

Zum Wein kam Reiterer durch Zufall. Mölten war während seiner Kindheit noch nicht an das Straßennetz angeschlossen. Daher musste er sich im Tal einquartieren, um eine weiterführende Schule zu besuchen – auf einem Weingut in Vilpian. Dort wiederum konnte er die Grundweine verkosten, die die Bauern weiterverkauften. Er ließ sich in der Folge zum Kellermeister ausbilden, zog im Anschluss an Arbeitsstationen in ganz Italien zurück nach Mölten, gründete die höchstgelegene Sektkellerei Europas und wurde schließlich zum »Sektpapst« Südtirols.

Adresse Prof.-Josef-Schwarz-Straße 18, 39010 Mölten, www.arundavivaldi.it | ÖPNV Bus 224, Haltestelle Hafling, dort Bus 204; alternativ Bus 201, Haltestelle Vilpian, von dort Kabinenbahn | Öffnungszeiten Direktverkauf: Mo–Fr 8–12 und 14–18 Uhr, Sa 8–12 Uhr, Führungen nach Voranmeldung | Tipp Von Mölten aus lässt sich das Hochplateau des Salten auf zahlreichen Wegen erkunden. Zum Beispiel gelangt man in 45 Minuten auf die Lingeralm.

85 Die Steinmännchen
Magischer Kraftort

Das ist nun wirklich kein Geheimtipp, er steht in jedem Reiseführer. Zu Recht, denn es gibt wohl in ganz Südtirol keinen weiteren Ort in den Bergen, der eine so magisch-mystische Ausstrahlung hat wie die Bergkuppe der Hohen Reisch zwischen Mölten und dem Sarntal. Den Bergnamen verwendet kaum einer, stattdessen ist ausschließlich von den »Stoanernen Mandln« die Rede, den über 100 Steinmännchen, die sich dort versammeln. Manche winzig, andere mannshoch.

Der Ursprung der Mandln liegt im Dunkeln, gesicherte Auskünfte gibt es nicht. In Sarnthein erzählt man sich, die ältesten Steinpyramiden stammten noch aus der Steinzeit, vermutlich wurden sie von Wanderhirten zur Orientierung errichtet. Im Mittelalter sei der Ort dann zum Hexentanzplatz geworden: Heilkundige Kräuterweiber hätten sich dort bei Vollmond zu ekstatischen Praktiken eingefunden.

Ritzzeichen in den Felsen lassen jedenfalls darauf schließen, dass der Platz schon für die Kelten ein Kultort war – kein Wunder, bei dem magischen Panorama auf die umliegenden Gipfel: Texelgruppe, Ötztaler Alpen, das Ortlergebiet, die Dolomiten samt Rosengarten. Auf der Hohen Reisch herrscht eine unermessliche Weite, zugestellt mit Steinmännchen. Aus diesem Kontrast ergibt sich ein besonderer Reiz, der sich im Winter oder bei nebligem Wetter nur noch steigert.

1540 wurde in Sarnthein die »Pachlerzottel« auf den Scheiterhaufen gebracht. Barbara Pachler vom Stöckelehof hatte sich häufig bei den Mandln aufgehalten, war aus der menschlichen Gesellschaft in die Natur geflohen. Aus der Enge in die Weite. Die Außenseiterin wurde für Mäuseplagen und Unwetter verantwortlich gemacht und gar beschuldigt, Kinder zu rauben und zu verspeisen. Man fand eine Schachtel mit Plunder bei ihr: Salben, Menschenhaar, Knochenstücke, Nadeln. Vermutlich Zeugnisse bäuerlichen Aberglaubens, aber ausreichend für das Todesurteil.

Adresse Hohe Reisch, 39010 Mölten | **ÖPNV** Bus 201, Haltestelle Terlan, dort Bus 204 bis Mölten, dann dem Wanderweg 13 folgen, an der Kreuzung Hohlweg auf Weg 15 wechseln und über die Sattlerhütte sowie die Pfade 28 und 23A zum Ziel (gut 3 Stunden einfach) | **Tipp** Die ideale Einkehr auf dem Hin- oder Rückweg bildet der Möltener Kaser. Die Berghütte liegt keine halbe Stunde von den Mandln entfernt.

86 Der Schneeberg
Die höchstgelegene Siedlung Europas

St. Martin liegt auf über 2.300 Metern und wird auch als Schneeberg bezeichnet, dieser stellte damit die höchste dauerhaft bewohnte Siedlung Europas dar. In der Vergangenheitsform, wohlgemerkt, denn heute wohnt dort niemand mehr. Eines der Gebäude ist zur Schutzhütte umfunktioniert worden, ein anderes zum Museum.

St. Martin ist eine sogenannte Knappensiedlung, wobei als Knappen oder Bergknappen einst Bergarbeiter bezeichnet wurden, die unter Tage schufteten. Der Schneeberg ist das höchstgelegene Bergwerk Europas, begründet wurde es um das Jahr 1200, um Zink und Blei abzubauen. Aber schon aufgrund des Kirchleins wirkt die Häuseransammlung wie ein kleines Streudorf und nicht wie eine reine Arbeitersiedlung. Zur Blütezeit um 1500 waren ungefähr 1.000 Knappen dort beschäftigt. Abbauhalden und Förderanlagen waren bis 1967 in Betrieb und sind zum Teil noch zu sehen. Über 150 Kilometer an Stollen und Versorgungsschächten sollen in den Berg getrieben worden sein, ein kleiner Teil ist noch begehbar. Mit 27 Kilometern Länge verfügte das Bergwerk Schneeberg über die längste Übertage-Förderanlage der Welt.

Seit 2019 ist der Schneeberg ein Standort des Südtiroler Landesmuseums für Bergbau. Die Bergwerkpfade lassen sich über Tage auch selbst begehen, für eine Stollenführung schließt man sich der geführten Tour ab dem Museumsgebäude an – das dauert ungefähr zwei Stunden. Zweimal wöchentlich (donnerstags und samstags) führt eine Halbtagestour durch das gesamte Bergbaugelände und endet mit einer Stollenfahrt.

Allerdings liegen Museum und Siedlung so abgeschieden, dass beide nur zu Fuß zu erreichen sind. Auf dem Knappenweg (Nummer 29) braucht man für 600 Höhenmeter und gut 7 Kilometer etwa zwei Stunden. Ausgangspunkt ist die Bushaltestelle an der Timmelsbrücke. Wer in der Schutzhütte Schneeberg übernachten möchte, sollte unbedingt vorab reservieren.

Adresse Schutzhütte Schneeberg, Rabenstein 52/53, 39013 Moos in Passeier, www.schneeberg.org | **ÖPNV** Bus 242, Haltestelle Timmelsbrücke, Aufstieg zu Fuß über den Weg 29 | **Öffnungszeiten** Schutzhütte und Schauraum jeweils Mitte Juni – Anfang Okt., Übernachtungs-Reservierung dringend empfohlen | **Tipp** Der Schneeberg ist auch ein guter Ausgangspunkt für eine Hüttentour. Mehr als ein halbes Dutzend Schutzhütten und Berggasthäuser sind von dort aus im Rahmen einer Tageswanderung zu erreichen.

87 — Die Aussichtsplattform
Überblick, Ausblick und Einblick

Reinhold Messner auf die Heimatburg spucken? Das geht von gegenüber. Unweit der Bergstation Unterstell gibt es eine neue Aussichtsplattform, deren Gitterrost 50 Meter über dem Boden schwebt und zum Tal hinausragt. Auf dem Weg dorthin ist Schloss Juval in der Ferne zu sehen, und zwar weit unterhalb, hinter dem Einschnitt des Schnalstals. Von der Plattform selbst überblickt man das Etschtal und den unteren Vinschgau. Auf der anderen Talseite streckt sich noch als Teil der Ortlergruppe der Naturnser Hochwart in den Himmel – mit immerhin 2.608 Metern. Dahinter liegt das Ultental.

Ab der Bergstation erreicht man die Plattform in zehn Minuten, sie ist frei zugänglich und kostenlos. Ein Tableau gibt den Bergspitzen Namen, sodass man ob der Aussicht nicht ganz sprachlos bleibt.

Was einem dann doch noch den Atem rauben kann, ist der Anblick der Kinder und Erwachsenen, die sich schräg unter einem am Stahlseil den Fels entlanghangeln. Auf verschiedenen Einsteigerrouten können Groß und Klein dort üben, einen Klettersteig zu gehen – Know-how und Ausrüstung zum Sichern vorausgesetzt. »Übungs- und Familienklettersteig Knott« nennen sich die knackigen ausgesetzten Routen. Die zwei Startpunkte liegen unterhalb der Felsen, einer führt unmittelbar zur Big-Foot-Hängebrücke, die ebenfalls von der Aussichtsplattform einzusehen ist.

Sowohl der Klettersteig als auch die Aussichtsplattform sind ganzjährig begehbar, über 300 Sonnentage machen es möglich. Vor allem über den Weg Nummer 10 lassen sich in der unmittelbaren Umgebung unterschiedlich lange Rundwanderungen unternehmen. Zugleich gilt Unterstell als guter Einstiegspunkt in den Meraner Höhenweg. Wer also nicht mit dem eigenen Auto, sondern mit den öffentlichen Verkehrsmitteln anreist, gelangt beispielsweise nach gut zehn Kilometern zur Bergstation der Texelbahn, um erst dort wieder ins Tal zu entschweben.

Adresse Sonnenberg 46, 39025 Naturns | **ÖPNV** Seilbahn Unterstell bis zur Bergstation, von dort 10 Minuten Fußweg | **Öffnungszeiten** rund um die Uhr zugänglich | **Tipp** Das Gasthaus Unterstell liegt unmittelbar oberhalb der Bergstation und bietet rustikale Küche sowie eine verglaste Veranda mit grandiosem Panorama.

88 Die Moser Speckworld
Vom Suren und Selchen

Sie heißt wirklich so: Speckworld. Und sie behauptet, eine »Erlebniswelt für die ganze Familie« zu sein, ist aber im Grunde das um ein paar Unterhaltungs- und Informationsangebote erweiterte Ladengeschäft des Naturnser Speckproduzenten Moser.

Das angeschlossene Speckmuseum informiert umfassend über Verfahrensweisen und Arbeitsmittel im Lauf der Jahrhunderte und die Bedeutung des Lebensmittels für die Region. Kein Geringerer als Reinhold Messner fungiert als Markenbotschafter von Moser, er spielt in mehreren Info-Videos den Erklärbären und outet sich zudem als Fan. Messner hatte in der Tat, das ist historisch verbürgt, Tiroler Speck als Notproviant auf allen seinen Expeditionen dabei und schneidet sich vermutlich heute noch auf Schloss Juval gern das eine oder andere Stück ab.

Mit Speck wird in Südtirol nicht wie in Deutschland die fette Schwarte bezeichnet, sondern ein geräucherter und abgelagerter Schinken. Seit 1996 ist Südtiroler Speck und die besondere Kombination aus Pökeln (Suren), Räuchern (Selchen) und anschließender Lufttreifung ursprungsgeschützt. Im Unterschied zu Parmaschinken oder normalem Prosciutto wird das Speckstück vom Knochen getrennt, dann gesurt und geselcht und gereift. Daher die handliche, fast quadratische Form. Die Räucherung erfolgt meist über Buchenholz und kalt, das heißt, die Temperaturen in der Räucherkammer überschreiten die 20 Grad nur knapp. Entscheidend für die Aromatik ist vor allem die Reifezeit, die bei Südtiroler Speck mindestens vier Monate beträgt.

Bei Moser kann man sich nicht nur einen Überblick über die Herstellungsverfahren verschaffen, sondern auch die verschiedenen Varianten probieren und die Unterscheide erschmecken. Eindecken kann man sich natürlich auch. Speck hält sich vakuumverpackt quasi ewig und bleibt frisch. Einmal geöffnet, verliert er zwar Wasser und wird von Tag zu Tag etwas härter, aber nicht schlecht.

Adresse Stein 17, 39025 Naturns, www.moser.it | **ÖPNV** Bus 251, 261, 266, Haltestelle Plaus direkt an der Speckworld | **Öffnungszeiten** täglich 9–18 Uhr | **Tipp** Südlich der Speckworld beziehungsweise der Staatsstraße liegt zur Etsch hin das Biotop Wangerau.

89 Das Naturparkhaus Texelgruppe
Südtirols jüngster Museumsbau

Die Bergwelt erfahren und verstehen, ohne hinaufwandern zu müssen – so ließe sich das Programm des neuen Naturparkhauses Texelgruppe in Naturns umreißen. Die 600 Quadratmeter große Dauerausstellung im schneckenhausförmigen Inneren des Museumsneubaus ist vor allem dem Element Wasser und dessen Schaffenskraft gewidmet. Erst seit März 2024 steht die konzentrierte Indoor-Reise durch die Höhenstufen des Naturparks Texelgruppe – des größten Südtirols – für Besucher offen.

Die Texelgruppe ist jener Gebirgszug der Ötztaler Alpen, der sich über 500 Quadratkilometer nördlich von Naturns und Meran, zwischen Schnals- und Passeiertal, erstreckt und allerorten für seine vielfältige Flora und Fauna sowie seine landschaftliche Schönheit bekannt ist. Der Naturpark umfasst nicht nur das Gebirge selbst, sondern auch die umliegenden Täler, Almen und Ortschaften. Das Museum existiert schon seit 1984, es zog damals in die Naturnser Mittelschule ein und wurde 1992 runderneuert sowie um diverse Biotope erweitert. Spielerisch und experimentell wird hier insbesondere Kindern die Natur nahegebracht, Erwachsene erfahren mehr über die Geschichte und Funktion der berühmten Waalwege.

Die einzelnen Stationen des neuen Museums zeigen vom mediterranen Mikroklima des Tals bis zu den Hochalpen die Vielfalt der Lebensräume auf. Von der Etsch im Talboden bis zu den Gletschern der Höhenzüge geht es gemäß dem Ausstellungsmotto stets »dem Wasser entgegen«.

Die klaren Umrisse des Neubaus werden als in die Höhe strebend und damit als Analogie zu den Höhenzügen der Texelgruppe verstanden, der Bau als »architektonisches Meisterwerk« gepriesen. Auf jeden Fall holt das Gebäude die Natur herein: Durch die Fensterfronten fällt der Blick auf den Naturnser Sonnenberg.

Adresse Bernardin Astfäller Platz 1, 39025 Naturns, www.naturparks.provinz.bz.it | **ÖPNV** Bus 250 nach Naturns, dann 15 Minuten zu Fuß | **Öffnungszeiten** Di–Sa 9.30–12.30 und 14.30–18 Uhr; Juli, Aug. auch So geöffnet | **Tipp** Die Pizzeria Wally gegenüber dem Naturparkhaus offeriert für kleines Geld respektable Pizzen, sogar aus Dinkelmehl oder glutenfrei.

90 Die St.-Prokulus-Kirche
Museumskirche und Kirchenmuseum

Die St.-Prokulus-Kirche in Naturns ist aufgrund uralter Fresken weltberühmt. Sie gilt als eine der ältesten frühchristlichen Kirchen Südtirols und entstand schon im 8. Jahrhundert. Auf diese Zeit gehen auch die Freskenmalereien im Inneren zurück, die wiederum die ältesten im deutschsprachigen Raum überhaupt darstellen: verblüffende Illustrationen heiligen Geschehens für die einst analphabetische Bergbevölkerung. Untypisch für die christliche Ikonografie ist die Darstellung einer Rinderherde, die von einem Hund angeführt wird – was wohl dem Standort geschuldet ist oder eingeflochten wurde, um, wie man heute formulieren würde, das Publikum abzuholen. Wie auch immer: Der Bau hat durch seine sparsame steinerne Ausgestaltung schon von außen etwas Archaisches.

Das Innere entführt dann in eine mittelalterliche Atmosphäre, auch wenn man die Heiligen an den Wänden nicht zuordnen kann. Prominent ist der glubschäugige Heilige auf der »Schaukel« – es könnte sich um den heiligen Prokulus handeln, dem die Kirche geweiht ist. Prokulus war Bischof von Verona, er überlebte die Christenverfolgung unter Kaiser Diokletian und starb im Jahr 320 eines natürlichen Todes, musste zwischenzeitlich aber fliehen. Mag also sein, dass die Abbildung in der Kirche ihn nicht beim Schaukeln, sondern beim Abseilen über die Mauern Veronas zeigt.

Das moderne Gegenstück zum Kirchenbau ist das beigeordnete gleichnamige Museum. In die unterirdischen Ausstellungsräume sind die gotischen Fresken der Kirche eingezogen, also figürliche Darstellungen jüngeren Datums. Diese wurden 1923 im Zuge von Renovierungen abgenommen aber erst 2006 gegründeten Museum ausgestellt. Wobei die vier Stationen des Museums ungefähr 1.500 Jahre Naturnser Siedlungsgeschichte thematisieren – mit archäologischen Funden, zahlreichen weiteren Exponaten und Infofilmen, die über die Kirche und deren Ausstattung weit hinausweisen.

Adresse Sankt Prokulus-Straße 1a, 39025 Naturns | **ÖPNV** Bus 250 nach Naturns, dort keine 15 Minuten zu Fuß bis zur Kirche | **Öffnungszeiten** Di, Do, So 10–12.30 und 14.30–17.30 Uhr | **Tipp** Das Erlebnisbad Naturns ist überdacht und ein ideales Ziel an regnerischen Tagen.

91 Das K. u. K. Museum
Sisis Badewanne

Seit 1980 ist das altehrwürdige Bad Egart ein Privatmuseum und zum großen Teil der österreichisch-ungarischen Monarchie gewidmet – ein Kuriosum!

Bad Egart ist der älteste Bäderbetrieb rund um Meran und wurde nachweislich schon im 15. Jahrhundert als Heilbad genutzt. Wahrscheinlich stammt der Name von der mythologischen Nymphe Egeria, die als Naturgöttin bei Ovid einer Quelle zugeordnet wird. Mag also sein, dass die drei Quellen von Bad Egart – eine Schwefel-, eine Mineralwasser- und eine eisenhaltige Trinkquelle – schon zur Römerzeit bekannt waren. Die heutige Erscheinungsform des unter Schutz stehenden Ensembles stammt bis auf die noch ältere Kapelle vom Anfang des 19. Jahrhunderts, der Badebetrieb wurde jedoch 1956 eingestellt. Danach geriet das Anwesen in den Besitz von Karl Platino, genannt Onkel Taa. Der wiederum hatte als Jugendlicher einen Antiquitätenhändler auf dessen Reisen in die Südtiroler Dörfer begleitet, war in der Folge selbst zum Sammler geworden und hatte bald eine ganze Scheune mit Kram gefüllt. Da kam ihm der Ankauf von Bad Egart gerade recht.

Zunächst stattete Platino zwei Räume mit Zeugnissen der Habsburger Zeit aus, darunter zahllose Porträts und Fotografien von Kaiserin Elisabeth sowie deren Familie. Die Gegenstände sind – bis auf einen Originalhandschuh – wohlgemerkt nur lose mit Sisi verbunden. Die Kaiserin war aber in der Tat während ihrer Meran-Aufenthalte in Bad Egart zu Gast, weshalb eine der verbliebenen Badewannen ihr zugeordnet wird.

Platino hat jedoch viel mehr zusammengetragen als nur Habsburger-Devotionalien, er hat das Gelände in eine Art Gesamtkunstwerk verwandelt, eine bunte Fundgrube, ein Füllhorn von etwa 35.000 Exponaten aus Handwerk und Volkstum. Als wäre dies nicht schon genug, hat Onkel Taa gleich noch ein Restaurant vor Ort eröffnet und serviert – na, was wohl – Spezialitäten der Habsburger Küche.

Adresse Bahnhofstraße 17, 39020 Partschins, www.onkeltaa.com | **ÖPNV** Regionalbahn 250 stündlich bis Töll, dort 100 Meter zu Fuß zum Museum | **Öffnungszeiten** Di–So 10.30–15 Uhr | **Tipp** Im Schloss Trauttmansdorff ist doch tatsächlich ein Kuchen aufgebahrt, von dem Sisi genascht haben soll – etwas trocken inzwischen.

92 Die Panoramaseilbahn
Lift ins Hochgebirge

Partschins – und nicht etwa Meran – fungiert als das eigentliche Tor zum Naturpark Texelgruppe und den Ötztaler Alpen, vor allem aus logistischen Gründen. Seit 2009 ermöglichen die Panorama-Gondeln der neuen Texelbahn einen direkten Zugang zum Sonnenberg auf über 1.500 Metern. Die heutige Pendelbahn transportiert alle halbe Stunde bis zu 25 Personen den Berg hinauf und überwindet dabei in wenigen Minuten etwa 1.000 Höhenmeter – ohne einen einzigen Stützpfeiler auf dem Weg. Zuvor war der Berg unerschlossen, einzig eine Materialseilbahn versorgte die Hütten.

Schon vor dem Fund von Ötzi übten die Dreitausender der Texelgruppe eine starke Anziehungskraft auf Bergsteiger und Wanderer aus. Das Naturschutzgebiet, das dem Alpenhauptkamm und den Ötztaler Alpen vorgelagert ist, wurde 1976 gegründet und erstreckt sich zwischen dem Passeier-, dem Etsch- und dem Schnalstal. Zahlreiche bewirtschaftete Hütten ermöglichen Mehrtagesausflüge ins Hochgebirge, Skigebiete sind hier nicht vorhanden. Der Naturpark ist in das europäische Schutzgebietsnetz Natura 2000 integriert, das sich vorwiegend auf den Schutz von Lebensräumen sowie wild lebenden Tieren und Pflanzen konzentriert.

Nur wenige Meter von der Bergstation entfernt kann man in den Meraner Höhenweg einsteigen. Weitere Wanderwege führen zu den hochalpinen Spronser Seen, zu verschiedenen Hütten (auch mit Übernachtungsmöglichkeit oder Bettenlager) und dem äußerst imposanten Partschinser Wasserfall, der mit 97 Metern Fallhöhe als der höchste und schönste Südtirols gilt. Zudem ist die sogenannte 1.000-Stufen-Schlucht, das Lahnbachtal, von der Bergstation aus gut erreichbar: über einen beeindruckenden Weg über Stein-, Holz- und Metallstufen sowie eine neu errichtete Hängebrücke. Wobei insgesamt – rein in die Schlucht und wieder raus – dann doch nicht 1.000 Stufen zusammenkommen, sondern nur 989. Auf- und Abstieg spart man sich, wenn man die Verbindung über die Hängebrücke wählt.

Adresse Talstation Texelbahn, Zielstraße 11, 39020 Partschins | **ÖPNV** Bus 213, Haltestelle Partschins Busbahnhof, von dort 15 Minuten zu Fuß | **Öffnungszeiten** täglich 8–18 Uhr; Juni–Ende Sept. 8–19 Uhr, Do, So 7–19 Uhr | **Tipp** Gleich oberhalb der Bergstation versorgt der Gasthof Giggelberg die Wanderer. Proviant einzupacken kann man sich also sparen.

93 Das Schreibmaschinenmuseum
Kein durchschlagender Erfolg

Genau 1.869 Anschläge hat dieser Text. Ohne Peter Mitterhofer aus Partschins wäre das Schreiben auf diese Art gar nicht möglich, denn er hat die Schreibmaschine und damit die Anschläge erfunden. Und ihm ist das Schreibmaschinenmuseum in Partschins gewidmet. Auch die sagenumwobene Enigma zählt zu den 2.000 Exponaten, jene mechanische Chiffriermaschine, deren Code die Alliierten alsbald knackten, was den Zweiten Weltkrieg verkürzte. Ferner eine dänische Schreibkugel von 1867, die erste in Serie gefertigte Schreibmaschine der Welt, eine amerikanische Sholes & Glidden aus dem Jahr 1874 sowie die stilbildende Olivetti Valentin.

Genau genommen arbeitete Mitterhofers allererstes Modell von 1864 noch nicht mit Anschlägen, sondern perforierte mittels 30 Tasten ausschließlich Großbuchstaben in das Papier, das deswegen regelmäßig zerriss. Erst das fünfte Modell von 1869 beinhaltete eine Schreibwalze, eine Volltastatur mit 82 Tasten sowie eine Umschaltmöglichkeit für Groß- und Kleinschreibung: der Prototyp aller modernen Schreibmaschinen. Mitterhofer wurde mitsamt seiner Maschine mehrfach in Wien vorstellig und pries deren Vorzüge wie folgt an: »Da die Anwendung dieses Apparates fast ohne Anstrengung vonstattengeht, wird derselbe auch allen jenen vorzügliche Dienste leisten, welche mit geistiger Kraft arbeiten, wie zum Beispiel Diplomaten, Konzeptbeamten, Advokaten, Notaren, Schriftstellern, Dichtern usw., denn diese können ihre ganze Aufmerksamkeit ihrer geistigen Arbeit zuwenden.« Allein, er fand kein Gehör, und sein Projekt wurde nicht gefördert, es blieb bei fünf Modellen. Mitterhofer wand sich Lohnenderem zu und erfand alsbald eine Waschmaschine.

Mehr Erfolg war Christopher Sholes in den USA beschieden. Der Buchdrucker meldete seinen »Typewriter« 1868 zum Patent an, der von der Waffenschmiede Remington produziert und zum Welterfolg wurde.

Adresse Kirchplatz 10, 39020 Partschins, www.schreibmaschinenmuseum.com | ÖPNV Bus 213, Haltestelle Partschins Busbahnhof, von dort wenige Meter zu Fuß | Öffnungszeiten Mo 14–18 Uhr, Di–Fr 10–12 und 14–18 Uhr, Sa 10–12 Uhr | Tipp Partschins hat ein kleines, schön gelegenes Freibad, das ausnahmsweise nicht »Lido« heißt und in der Regel nicht übermäßig voll ist.

94 — Das Wasserkraftwerk Töll
Historische Wasserkraft

1898 ging in Meran und Bozen die elektrische Straßenbeleuchtung an, Gaslampen waren Vergangenheit. Grund dafür war die Inbetriebnahme des Wasserkraftwerks bei Töll. Dieses existiert heute noch und gilt als ältestes erhaltenes Wasserkraftwerk aus dem 19. Jahrhundert. Zugleich stellte es das erste Großkraftwerk Südtirols überhaupt dar und läutete dort die Ära der Stromgewinnung aus der kinetischen Kraft des Wassers ein. Vorübergehend wurde Südtirol sogar zum größten Elektrizitätsproduzenten Italiens.

Das Schleusenhaus oberhalb des burgähnlichen Turbinenhauses ist zwar nicht ganz so alt, aber noch imposanter. Es thront über dem tosenden Wasser auf drei poryphorverkleideten Pfeilern. 16 Meter ist das Schützenwehr lang, hier wird die Etsch rückgestaut, Wasser entnommen und knapp einen halben Kilometer zum Kraftwerk transportiert. Kraftwerk und Schleuse stehen außer Sichtweite, wer beide sehen will, muss von der Schleuse um die nächste Flussschleife herum flussabwärts laufen. Dort befand sich, bevor das Kraftwerk gebaut wurde, noch eine Sägemühle – ebenfalls von der Wasserkraft angetrieben und einst im Besitz vom Vater Peter Mitterhofers, des Erfinders der Schreibmaschine und berühmtesten Sohns von Partschins. Die Etsch fällt von Töll bis Marling um etwa 200 Meter ab, beste Voraussetzungen also, um die natürliche Wasserkraft nutzbar zu machen.

Nachdem das der Etsch entnommene Wasser die Turbinen von Töll passiert hat, wird es über eine Kanalbrücke nach Marling weitergeleitet und im dortigen Kraftwerk erneut genutzt. Dieses wurde 1925 in Betrieb genommen, um das damals gerade geschaffene Meraner Industrieviertel Sinich zu versorgen. Erst anschließend wird das Wasser wieder der Etsch zugeführt. Beide Kraftwerke produzieren heute zusammen pro Jahr etwa 400 Gigawattstunden – das entspricht dem Bedarf von ungefähr 100.000 Haushalten. Südtiroler Strom stammt fast ausschließlich aus erneuerbaren Energien.

Adresse Schleuse Töll, 39020 Partschins | **ÖPNV** Bus 213, Haltestelle Schleuse Töll, vor dem Schleusenhaus Fußgängerbrücke über die Etsch | **Öffnungszeiten** jederzeit zugänglich, abends bei beleuchtetem Schleusenhaus besonders empfehlenswert | **Tipp** Das massive, von außen leicht vernachlässigte Gebäude des einstigen Gasthauses »Rössl« eine Busstation flussaufwärts ist sehenswert. Heute wird es vom Zollwirt genutzt.

95 — Das Terra
Höchstgelegenes Sternerestaurant Italiens

Das Terra ist ein luxuriöses Boutiquehotel weit oben im Sarntal. Das wäre an sich schon eine Geschichte wert, denn es wird von Bruder und Schwester geführt, die dort aufgewachsen sind. Aber mehr noch: So richtig bekannt geworden ist das Hotel in der Gourmet-Szene aufgrund seines gleichnamigen Restaurants. Dort bedient man sich – etwa mit Eisenkraut, Vogelmiere oder frischen Fichtensprossen – aus der unmittelbaren Umgebung. Es kommen Produkte zum Einsatz, die es nur hier gibt. Das Wissen darum stammt von Mutter und Großmutter, die Betreiber gehen mit ihrer Küche zurück zur Quelle. Karg ist daran nichts, wobei die Teller auch nicht opulent ausfallen. Hier wird auf 1.622 Metern über dem Meer Fine Dining praktiziert – optisch und geschmacklich.

Was René Redzepi mit dem Noma in Kopenhagen einst vorgemacht hat, hat längst europaweit Fuß gefasst. Die sogenannte Nordic Cuisine wandte sich radikal der näheren Umgebung zu und allem Essbaren, was sie in ihr fand. Dies ist weit mehr als ein Trend, es ist vielmehr eine Wiederentdeckung des Ursprünglichen, des Verkannten und aus der Mode Gekommenen. Und es ist eine Entdeckung des kulinarischen Genius Loci. Wie sagte ein Gast im Anschluss an das Fünf-Gänge-Menü? »Es ist, als ob du die Berge, die Almen schmeckst.«

Das Stück Land dort oben hat übrigens der Großvater der beiden erschlossen und dort voller Unternehmergeist eine Skihütte hingebaut. Die steht noch heute wenige Meter vom stilvoll-lichten Neubau des Terra. Allerdings wurde das Skigebiet nie eingerichtet, sodass es sich wohl um die einzige Skihütte handelt, von der aus man keine Möglichkeit hat, Ski zu fahren. Aber man kommt dort günstiger unter als im eigentlichen Hotel und kann dann zum Essen hinüberwechseln, sofern man vorab reserviert hat. »The Magic Place« nennt sich das Terra selbst. Und es stimmt: Die Magie dieses Ortes spürt, sieht und schmeckt man.

Adresse Auen 19 und 21, 39058 Sarnthein, www.terra.place, www.sarnerskihuette.com | **ÖPNV** Bus 201, 150 über Bozen bis Sarnthein, von dort mit dem Taxi 15 Minuten; alternativ mit dem Auto in etwa einer Stunde von Meran | **Öffnungszeiten** Anfang Mai–Anfang Nov. sowie Weihnachten–Anfang März Di–Sa 19–21 Uhr, Vorabbuchung des Menüs über die Website erforderlich | **Tipp** Ein Skigebiet wurde im Sarntal dann doch noch eröffnet, allerdings in Reinswald und mit nur drei Liften. Einer davon erreicht das Reinswalder Sattele und damit eine Höhe von fast 2.461 Metern – ein Geheimtipp für alle, die den Zirkus satthaben.

96 Der Sagenweg
Aus gruseligem Holz geschnitzt

Wer gern wandert, aber Kinder hat, hat ein Problem. Bergluft, Aussicht und Natur reichen meist nicht aus, um den Nachwuchs zu motivieren. Da muss man schon mehr bieten, am besten etwas Spannendes alle paar hundert Meter, etwas, das nicht zu lange aufhält. Nun, das gibt es. Und zwar in Form des Sagenwegs bei Schenna. Die Gemeinde ist gerade dabei, Angebote für junge Familien zu entwickeln, und der Wiesenpfad gehört dazu. Sechs verschiedene Sagen wurden hier in Szene gesetzt. Man stellte den jeweiligen Hauptdarsteller als kindshohe Schnitzfigur am Weg auf, ergänzt durch Erklärtafeln und nicht immer ganz gruselfrei.

Die Figuren wurden von einem Abiturienten mit der Motorsäge aus Zirbenholz geschnitzt. Stefan Kröll vom Oberpircherhof hat im Rahmen seines Abschlussprojekts die Sagen in der Dorfchronik gesichtet und ausgewählt. Neben Feen, Riesen und dem Teufel spielt das Thaller Nörggele eine Rolle, eine Art böser Engel, der auf Erden in seiner Unsterblichkeit gefangen ist und den Menschen neidvoll gegenübersteht. Will sagen: Gestalten und Geschichten sind alles andere als gewöhnlich und auch für die Erwachsenen interessant, gewähren sie doch einen Einblick in die lokale Sagenwelt und in das, was man sich an langen Winterabenden auf den abgelegenen Höfen erzählte, als es noch keine befestigten Straßen in die Stadt gab.

Ein kleiner Wermutstropfen: Die Rundstrecke vom Schloss Schenna aus ist gerade mal anderthalb Kilometer lang. Sie lässt sich aber verlängern, und zwar indem man hinter dem historischen Thurner Hof – einer Einkehrmöglichkeit – vom Wald aus dem Zickzackweg ins Passertal hinab folgt. Dort setzt man die abwechslungsreiche Tour über den Maiser Waalweg bis zum Schloss Planta fort und kehrt so nach Meran zurück. Insgesamt sind das knapp fünf Kilometer, das ist machbar, denn es geht quasi nur bergab und ist kein bisschen langweilig!

Adresse 39017 Schenna | **ÖPNV** Bus 231, Haltestelle Schenna Schule | **Tipp** Leicht zu bewältigen, aber mit spektakulären Panoramen gesegnet ist der Schenner Waalweg, ein sechs Kilometer langer Rundweg, der im Dorfzentrum begonnen werden kann.

97 — Der Eishof
Abgelegener geht es nicht

Um 1290, im tiefsten Mittelalter, wird der Hof erstmals erwähnt. Kurzzeitig war der Eishof im Pfossental die höchste dauerhaft bewohnte Siedlung der Ostalpen. Dies war aber bald darauf wieder Geschichte. Zu hoch, zu abgelegen, zu unwirtlich liegt er: auf 2.076 Metern, umgeben von den höchsten Gipfeln der Texelgruppe. Was im Winter eine Frage des Überlebens ist, stellt im Sommer das höchste der Gefühle dar. Jedenfalls für Bergfreunde, die einigermaßen gut zu Fuß sind. Denn nur über Wanderpfade wie zum Beispiel den Meraner Höhenweg findet man hinauf und zum Talschluss. Dann aber logiert man mitten im Paradies und blickt auf einige Dreitausender: Hohe Wilde, Hohe Weiße und Grafspitze.

Seit 2019 wird der Hof neu bewirtschaftet, und ein junger Trupp hat das Sagen, der es jeden Herbst schafft, gut besuchte Törggelen-Abende auf die Beine zu stellen. Zudem macht man sich seit der Übernahme nicht nur in Sachen gute Laune einen Namen, sondern auch was Jause und warme Küche angeht. Was möglich ist, wird selbst gemacht, und alles andere kommt aus der unmittelbaren Umgebung. Sogar der Strom stammt aus dem eigenen kleinen Elektrizitätswerk.

1973 brannte das Gehöft infolge von Brandstiftung fast gänzlich ab, wurde jedoch mit Landesmitteln wieder errichtet und modernisiert. Zum Glück, denn sonst wäre der Planet um ein bedeutendes Kleinod ärmer! Wer will, verbringt die Nacht im Mehrbettzimmer und unter Tausenden Sternen. Es geht hier auch abends kommunikativ zu, was dem fehlenden Mobilfunkempfang und dem mangelnden WLAN geschuldet ist.

Die Geschichte als Bergsteigerstützpunkt ist lang, erstmals öffnete der Hof bereits im 19. Jahrhundert seine Türen für Besucher. Zum Beispiel kommt man von hier aus über die Johannesscharte bis zur Lodnerhütte im Zieltal auf 2.259 Metern. Auf der Website des Eishofs finden sich zahlreiche Vorschläge für weitere Touren.

Adresse Pfossental 1, 39020 Schlanders, www.eishof.com | **ÖPNV** zu Fuß in knapp zwei Stunden vom Parkplatz am Gasthof Jägerrast auf dem Weg 25 | **Öffnungszeiten** Mitte Mai–Ende Okt., warme Küche für Wanderer täglich bis maximal 17 Uhr | **Tipp** Wer nicht so weit laufen will und trotzdem die Stille sucht, erreicht auf dem alten Talweg binnen einer Stunde die Jausenstation Mitterkaser Alm auf 1.954 Metern.

98 Der Archäologiepark
Alltag wie Ötzi

Ein Fünftel aller Besucher des »archeoParc« im Schnalstal ist nicht zum ersten Mal da. Schon dies zeigt, dass es sich weniger um ein Museum als um ein Freilichtareal und einen Abenteuerpark handelt, in dem sich allerhand anstellen lässt. Neun betretbare Steinzeithäuser führen vor Augen, wie man in Vorzeiten so wohnte, auf drei unterschiedlichen Rundgängen bekommt man sowohl Kleidung und Ausrüstung der Steinzeitmenschen präsentiert als auch deren Kulturtechniken wie Feuermachen und Bogenschießen. Mit Ausgrabungen hat der Park also gar nichts zu tun, eher mit begehbarer Rekonstruktion und, wie es heißt, einem »realistischen Bild des Alltagslebens« unserer Vorfahren. Vorgeschichte zum Anfassen, Ausprobieren und Herumtollen also. Das alles ist so ungemein aufschlussreich für die Älteren wie abenteuerlich für die Jüngeren und mithin ein Halbtages- oder Tagesziel für die ganze Familie.

Man muss wissen, dass der berühmteste Bewohner des Schnalstals schon ein paar tausend Jahre tot ist. Ötzi wurde 1991 am Schnalstaler Gletscher gefunden, genauer gesagt am Tisenjoch unterhalb des Similaun. »Ötzi Museum« heißt der Archäologiepark deshalb mit Beinamen, und zumindest mit dem Fernrohr lässt sich vom Museumsstandort auf etwa 1.000 Metern Höhe die Fundstelle noch ausmachen. Dort oben wurde sogar ein Denkmal hingebaut.

Seit dem Fund der Gletschermumie hat sich das Verständnis von den Alpen als vorgeschichtlichem Lebensraum grundsätzlich gewandelt. Erst durch Ötzi wissen wir Genaueres über die Besiedlung der Region in jener weit zurückliegenden Zeit. Dem trägt auch der »archeoParc Schnalstal« Rechnung, der 2001 eröffnet wurde und eine Fläche von 4.400 Quadratmetern bespielt. Ötzi selbst ruht freilich gut geschützt im Bozener Archäologiemuseum, Schnals punktet mit der Nachbildung von dessen Kleidung und Ausstattung und damit, dass es viel näher am Fundort liegt. Und dass es uns zeigt, wie Alltagsleben zu Ötzis Zeiten ausgesehen hat.

Adresse Unser Frau 163, 39020 Schnals, www.archeoparc.it | **ÖPNV** Regionalzug 250 bis Naturns, von dort Bus 261 ins Schnalstal, nur wenige Minuten zu Fuß von der Haltestelle Unser Frau Oberdorf | **Öffnungszeiten** Ostern–Allerheiligen täglich 10–17 Uhr (Museum) und 10.30–16.30 Uhr (Freilichtbereich) | **Tipp** Ötzi-Fans stehen vom Park aus verschiedene archäologische Wege offen, die mit informativen Kupferstelen markiert sind.

99 Das Museum Passeier
Bei Hofers zu Hause

Das Museum Passeier ist im Sandhof bei St. Leonhard untergebracht. Klingelt da was? Der Sandwirt? Richtig, das war Andreas Hofers Beiname, und im Grunde ist das gesamte Museumsareal dem Tiroler Freiheitshelden gewidmet. Hofer wurde auf dem Sandhof geboren und war noch in der Saumwirtschaft tätig, denn vor Ort wechselten die Waren von Fuhrwerken auf Saumtiere, die dann weiter über die Alpen zogen. Später bewirtschaftete er hier das »Wirtshaus zur goldenen Krone« und wurde so zum »Sandwirt«.

Sandhof heißt das Ensemble wegen des häufigen Hochwassers der Passer, die entsprechende Mengen an Sand anschwemmte. Der Hof wurde schon wenige Jahre nach Hofers Hinrichtung 1810 zur Pilgerstätte, das Museum wurde fast zwei Jahrhunderte später gewissermaßen »nachgereicht«. Ab 1975 wurde ein Raum dem Andenken Hofers gewidmet und fand großen Zuspruch. Ein Trägerverein gründete sich, und der Ausbau zum Museum erfolgte bis 2002, wobei nicht nur eine Dauerausstellung über Hofers Leben eingerichtet wurde, sondern auch eine volkskundliche Abteilung.

Der eigentliche Charme des Areals liegt jedoch darin, dass sukzessive angebaut wurde: Rund um den Hof bekamen alte bäuerliche Gebäude eine neue Heimat, die andernorts abgebrochen werden sollten oder dem Verfall anheimgefallen waren. Neben den zeitgemäß aufbereiteten Ausstellungen gibt es also ein ganzes Freilichtmuseum zu besichtigen, das einen typischen Passeirer Hof samt Nebengebäuden versammelt.

Das Museum ist heute in drei Hauptbereiche unterteilt. »Helden und Hofer« ist dem historischen Andreas Hofer und dem Tiroler Freiheitskampf gewidmet, »Helden und Wir« untersucht das Konzept des Heldentums im Allgemeinen, und unter »Tol und Leit« schließlich firmiert der Freiluftbereich, der das Alltagsleben der Bauern porträtiert. Das Restaurant Sandwirt gibt es übrigens auch noch, mit schönem Gastgarten und getäfelten Stuben.

Adresse Passeirer Straße 72, 39015 St. Leonhard in Passeier, www.museum.passeier.it | **ÖPNV** Bus 240, Haltestelle Sandhof direkt am Museum | **Öffnungszeiten** Mitte April–Mitte Nov. Di–So 10–17 Uhr, Einlass bis 16 Uhr | **Tipp** Das Museum liegt unmittelbar am hervorragend ausgebauten Passeirer Radweg. Von Meran aus sind es lediglich 18 Kilometer, die es flach und immer am Fluss entlanggeht.

100 — Der Fernwanderweg E5
Legendäre Alpenüberquerung

Das berühmteste Teilstück des Europäischen Fernwanderwegs E5 beginnt in Oberstdorf und endet in Meran. Auf sechs bis sieben Tagesetappen werden die Alpen überquert und mehr als 10.000 Höhenmeter überwunden. Die Strecke verläuft von den Allgäuer und Lechtaler Alpen durch das Oberinntal und führt über die Pitztaler und Ötztaler Alpen bis nach Südtirol und Meran.

1969 wanderte Hans Schmidt aus Sonthofen in neun Tagen von seiner Heimatstadt zu seinem Ferienhaus in der Nähe von Bozen. Ein Zeitungsbericht weckte das Interesse des Präsidenten des Verbandes Deutscher Gebirgs- und Wandervereine, der Schmidt einlud, an der Gründung einer Europäischen Wandervereinigung teilzunehmen. Schmidt bekam den Auftrag, eine abwechslungsreiche Route zwischen Konstanz und Venedig zu erstellen. 1972 wurde diese als Teil des Europäischen Fernwanderwegs E5 und als erste Alpenüberquerung überhaupt eröffnet.

Jährlich patrouillieren Wegbetreuer auf der Strecke, um Markierungen zu überprüfen oder Schäden zu melden. Heute führt eine Alpenüberquerung nach Meran größtenteils auf dieser klassischen Strecke und weicht nur am Ende ab, denn auf der Ursprungsroute steigt man nicht in das Etschtal ab, sondern erst bei Bozen zum Eisack. Deshalb werden die letzten Kilometer entweder ab St. Leonard oder St. Martin im Passeiertal zurückgelegt – eine Flachetappe. Das lässt sich gut nachmachen: einfach mit dem Bus nach St. Martin fahren und die 17 Kilometer nach Meran auf dem markierten Passerweg flussabwärts laufen.

Die Standardroute des E5 ist in den letzten Jahrzehnten immer beliebter und daher – insbesondere auf den Hütten – immer voller geworden, sodass sich zahlreiche Varianten etabliert haben, zum Beispiel durch den Naturpark Ötztal und über die Martin-Busch-Hütte bis nach Vernagt am gleichnamigen Stausee. Kommerzielle Tourenanbieter wählen meist diese Route.

Adresse 39010 St. Martin in Passeier | ÖPNV Bus 240 bis St. Martin, Haltestelle Außerdorf, die Flussseite wechseln und dem Uferweg folgen | Öffnungszeiten Talabschnitt Mai–Ende Okt. problemlos zu laufen | Tipp Den Schildhof in Saltaus sollte man unterwegs nicht verpassen. Das burgähnliche Ensemble gehört heute zu einem Sternehotel und beherbergte zwischenzeitlich Andreas Hofer sowie ein Gefängnis für dessen Feinde.

TISENS

101   Das Restaurant Zum Löwen

Sterneküche in der Scheune

Eigentlich müsste das Restaurant »Zur Löwin« heißen, denn hier kocht Südtirols einzige Sterneköchin. Und das, obwohl Anna Matscher quasi ungelernt ist, sieht man von zwei Wochen Praktikum im Münchener Tantris und ein paar Kursen einmal ab, die dem Wechsel in die Gastronomie vorausgingen. Matscher und ihr Mann Alois verließen 1987 Wien und damit die erste Karriere, um den Hof der Eltern in Tisens zu übernehmen. Nicht, um Bauern zu werden, sondern Gastronomen. Deshalb wurden Scheune und Stall zu einem zwar rustikalen, aber dennoch luftig-leichten Gastraum ausgebaut.

Zehn Jahre brauchte die Autodidaktin, um sich unter die ganz Großen zu kochen und vom Michelin erstmals besternt zu werden. Drei Hauben vergab der Gault-Millau, und der Feinschmecker wählte Matscher einst zur Köchin des Monats. Heute hat sich der »Löwe« längst etabliert.

Herzlich und locker ist die Scheunen-Atmosphäre, der »Löwe« öffnet sich explizit der jüngeren Generation und bietet ein »Junglöwen«-Menü für alle bis 21 Jahre an. Der Preis berechnet sich nach dem verdoppelten Lebensalter. Tochter Elisabeth arbeitet im elterlichen Betrieb mit und managt den Service, daher rührt die jugendlich-frische Note. Vater Alois hat seinerseits umgeschult und fungiert als Sommelier. Alle drei eint der Mangel an Allüren und die Lockerheit.

Das ist es wahrscheinlich, was Anna Matscher mit »schnörkellos« meint, wenn es um ihren Küchenstil geht. Es ist eine lockere Küche, unideologisch und auf lokale Produkte fokussiert, leicht verständlich, direkt und ohne Chichi. Sie wendet sich an gestandene Feinschmecker, Neugierige und Einsteiger gleichermaßen, wobei das mehrgängige Degustationsmenü angesichts des Südtiroler Preisniveaus vergleichsweise günstig zu haben ist. Wer also einmal Sterneküche probieren möchte, der sollte es bei Anne Matscher versuchen.

Adresse Tirolerstraße 25, 39010 Tisens, www.zumloewen.it | **ÖPNV** Bus 211, Haltestelle Lana Pomus, von dort Bus 216 bis Tisens Dorfplatz | **Öffnungszeiten** Mi–So 19–21.30 Uhr, Fr–So zusätzlich 12–13.30 Uhr | **Tipp** Tisens' Rundwanderweg ist kurz und ob der Aussicht kurzweilig, allerdings ist die Beschilderung nicht immer optimal.

102 Die Kunstgärten
Vom Weingut zum Gartenkunstwerk

Es kommt nicht oft vor, dass man auf einem Weingut Eintritt bezahlt. Im Falle des alten Ansitzes Kränzelhof ist dem aber so. Der Grund dafür sind nicht etwa alte Mauern, sondern recht junge Gärten – sieben an der Zahl.

Im Anschluss an eine Reise durch das südenglische Cornwall kam dem Winzer Franz von Pfeil die Idee, es den Briten nachzutun und einen Landschaftsgarten zu gestalten. 2004 rodete er eine Obstanlage, der erste Garten wurde 2006 eröffnet. Inzwischen sind daraus 20.000 Quadratmeter geworden, unterteilt in sieben Themengebiete: Garten der Intuition, Garten des Vertrauens, Garten des Ausdrucks, Garten der Emotionen, Garten des Mutes, Garten der Liebe und schließlich der Garten des Bewusstseins. Wie die Bezeichnungen vermuten lassen, steht die Gestaltung im Vordergrund und nicht die Bepflanzung, das Hauptaugenmerk liegt auf der menschlichen Reaktion, der Rezeption. Man geht daher nicht zu weit, wenn man die Anlage ein lebendiges, begehbares Kunstwerk nennt, zumal Teilbereiche in der Tat für Ausstellungen genutzt werden und allerhand Skulpturen dauerhaft in diversen Winkeln des Areals Patina annehmen. Alle diese Elemente spielen mit dem menschlichen Bewusstsein, keines aber so deutlich wie der weitläufige Irrgarten.

Schlechtwetter ist übrigens kein Hindernis, sondern zeigt nur andere Facetten des Gartenlandes und betont das Mystische. Zudem lässt es sich an zahlreichen Orten wie dem etwas erhöhten Pavillon geschützt verweilen, nicht umsonst öffnet der Kränzelhof selbst im tiefen Winter. Wein wird hier übrigens weiter hergestellt und kann in der angeschlossenen Vinothek degustiert und erworben werden. Wenig überraschend heißen die verschiedenen Produktlinien »Klassik«, »Brillant« und »Kunstwerk«. Denn auch im Wein findet Franz von Pfeil alle Elemente eines Kunstwerks, eine »alchemistische Verbindung von Körper, Geist und Seele«. Und Alkohol, möchte man hinzufügen.

Adresse Gampenstraße 1c, 39010 Tscherms, www.kraenzelhof.it | **ÖPNV** Bus 211 bis zum Gewerbegebiet von Tscherms (Zona produttiva) | **Öffnungszeiten** April – Mitte Nov. täglich 9.30 – 19 Uhr, Mitte Nov. – März täglich 10 – 17 Uhr | **Tipp** Die alte Mühle auf dem Areal wurde unter dem Namen »Miil« zum Gasthof umgestaltet und wird von Othmar Reich mit Feinsinn und Anspruch betrieben.

103 — Das Schloss Lebenberg
Südtiroler Ikone

Im an Burgen und Schlössern nicht gerade armen Burggrafenamt nimmt das Schloss Lebenberg eine herausgehobene Position ein – im Wortsinn! Die Anlage thront nicht nur auf einem dem Talboden um Tscherms vorgelagerten Moränenhügel, sondern ist zudem malerisch von Weingärten umgeben. Dies und die abwechslungsreiche Silhouette des Ensembles samt massivem Wohnturm trug dazu bei, dass Schloss Lebenberg über Jahrzehnte das beliebteste Motiv für Broschüren und Fremdenführer abgab. Mit einem Wort: Der Bau ist eine Südtiroler Ikone und hat das Bild der Region mitgeprägt. Man sollte ihn sich mal aus der Nähe ansehen!

Das Schloss ist in Privatbesitz, der sehenswerte Spiegelsaal, das Waffenarsenal und die Ahnengalerie sind aber im Sommer für Besucher zugänglich. Im Rittersaal hängen 264 Porträts aus zwölf Generationen der Familie von Fuchs, die Lebenberg von 1426 an bewohnte. Seit 1925 ist das Anwesen im Besitz der Familie van Rossem, die Teile der Anlage für die Allgemeinheit öffnete.

Das Innenleben ist das eine, der Charme der Außenansicht das andere. Am besten bekommt man Lebenberg in den Blick beziehungsweise vor die Linse, indem man sich von Marling oder vom Waalweg-Parkplatz Tscherms aus über den Marlinger Waalweg nähert. Der ikonische Blick über Wingerte und die Schlossanlage bis hinüber nach Meran ergibt sich jedoch nicht vom Waalweg, sondern erst von der Lebenbergerstraße weiter oben und jenseits der Burganlage. Es lohnt sich also, bis zur Burg aufzusteigen und den kleinen Umweg in Kauf zu nehmen. Alternativ kann man auch von Tscherms aus hochwandern, der Weg ist mit »Lebenberg – St. Anna« ausgeschildert, führt bergan an der gleichnamigen Kapelle vorbei und nimmt mit lediglich zwei Kilometern keine Stunde in Anspruch. Wer so gar keine Lust auf einen längeren Anlauf hat, kann auch direkt hinfahren, das Schloss hat einen Besucherparkplatz. Von dort sind es nur wenige Meter bis zum Ziergarten des Schlosses.

Adresse Lebenbergerstraße 15, 39010 Tscherms | **ÖPNV** Bus 212 bis Marling-Tiefacker, von dort noch drei Kilometer zu Fuß | **Öffnungszeiten** Mo–Sa 10.30–16.30 Uhr | **Tipp** Ein bisschen weiter oben, aber nicht allzu weit weg, bildet der Buschenschank des Weinguts Haidenhof ein lohnendes Spazierziel.

104 Das Vigiljoch
Magischer Ort

Die kleine Kirche St. Vigil steht auf 1.743 Metern oberhalb von Lana, auf dem nach ihr benannten Joch. »Joch« ist ein alter Begriff für einen Übergang in den Bergen, der später auch als Bezeichnung für einen Gipfel herhalten musste. Das Vigiljoch stellte einst die Grenze zwischen dem Bistum Trient und dem Burggrafenamt beziehungsweise dem Bistum Chur dar. Das genaue Alter der Kirche ist nicht bekannt, erstmals urkundlich erwähnt wurde sie im 15. Jahrhundert. Schon lange zuvor war der Ort wohl eine Art Kultplatz für Jäger, Steinzeitfunde deuten darauf hin. Mit anderen Worten: Das Vigiljoch ist ein Kraftplatz, daher wohl auch die Wirkmacht des Kirchengebäudes.

Einerseits zementierte der Kirchenbau gut sichtbar den Machtanspruch Trients, andererseits war die Kirche des heiligen Vigilius eine Art Wallfahrtsort. Vigilius war im 4. Jahrhundert Bischof von Trient, hat das Etschtal missioniert und gilt in der katholischen Kirche als Märtyrer. Oben an der ausgesetzten Kirche wurde schon im Mittelalter einmal im Jahr um Schutz vor Unwettern, Hagelschlag und Missernten gebeten, dies offenbart das Kirchenbuch von Lana. Noch heute feiert Lana jeweils im Juni ein Kirchenfest am Vigiljoch.

Allerdings muss man schon seit über 100 Jahren nicht mehr mühselig hinaufpilgern, seit 1912 nimmt man von Lana aus die Seilbahn – allerdings nur bis auf knapp 1.500 Meter. Zusammen mit der vier Jahre zuvor eröffneten Kohlerer Seilbahn bei Bozen zählt die Seilbahn auf das Vigiljoch zu den ältesten Personenseilbahnen der Welt. Verantwortlich für ihren Bau war der in Lana geborene Seilbahnpionier Louis Zuegg.

Die mystische Aura des Vigiljochs entstammt also nicht nur der Vorgeschichte, sondern zugleich der frühen Zugänglichkeit des alpinen Geländes. Nirgendwo sonst kamen vor über einem Jahrhundert normale Menschen so bequem und so schnell in die höheren Gefilde der Alpen.

Adresse 39010 Tscherms | ÖPNV von Lana aus Seilbahn zur Bergstation nehmen, von dort eine Stunde leichte Wanderung bis zur Kirche, Joch mit Kreuz gleich hinter der Kirche | Öffnungszeiten Seilbahnbetrieb 8–19 Uhr; Kirche untertags meist offen, am 25. Dez. Abendgottesdienst | Tipp Der Gasthof Jocher befindet sich in unmittelbarer Nachbarschaft zur Kirche, er wurde unlängst renoviert und wiedereröffnet. Hier kann man nicht nur einkehren, sondern sogar übernachten (www.jocher.it).

ULTENTAL

105 Das Häuserl am Stoan
Alleinstellungsmerkmal

Das Häuserl am Stoan – eigentlich »Häusl«, aber so steht's nicht auf den Karten – liegt etwas abgelegen im Talboden des Ultentals, in der Nähe der Gemeinde St. Pankraz. Das ganze Tal ist für seine alten Häuser und malerischen Ensembles bekannt, aber das Häuserl am Stoan sticht noch einmal heraus. Denn es steht allein und direkt auf einem massiven Felsblock. Diese herausgehobene Lage hat es inzwischen zum Instagram-Star gemacht, zu einem »Must-see«. Deshalb wurde das Grundstück unlängst weitläufig umzäunt, denn das Haus ist in Privatbesitz und bewohnt. Zu Gesicht bekommt man es natürlich trotzdem, und Fotos lassen sich auch machen, nur kommt man eben nicht mehr so nah ran wie zuvor.

Aber zur Geschichte: 1882 wurde das Ultental von einem verheerenden Unwetter heimgesucht, die Wassermassen der Falschauer stürzten talabwärts, rissen ganze Häuser und das fruchtbare Schwemmland mit sich. Im Talboden blieb einzig das Häuserl am Stoan bestehen. Der Grund für dieses Standvermögen trat erst in der Folge zutage: Bis der Fluss die umgebenden Wiesen unwiderruflich wegriss und den Felsen freischälte, auf dem das Haus seit seiner Erbauung um 1700 aufsaß, hatte niemand etwas vom bombenfesten Fundament geahnt. Die Hochwasserkatastrophe betraf im Herbst 1882 nicht nur ganz Südtirol, sondern auch Kärnten und hatte zur Folge, dass ab 1883 die Wildbachverbauung gesetzlich geregelt und 1884 eine spezielle Behörde ins Leben gerufen wurde.

Heute steht das Haus unter Denkmalschutz und ist zur Attraktion geworden. Wobei man sagen muss, dass auch das wettergegerbte Holzhaus in der direkten Nachbarschaft ungemein pittoresk ist, wenngleich ohne Felsen als Fundament. St. Pankraz selbst liegt wiederum leicht erhaben über der Falschauer am Hang und gibt samt dem spitzen Kirchturm und den Bergzügen eine traumhafte Alpensilhouette ab, die sich über den Ultener Talweg erwandern lässt.

Adresse Ultener Talweg, 39010 St. Pankraz im Ultental | **ÖPNV** Bus 254 bis Bad Lad, dort zu Fuß über die Tiefgass in Richtung Falschauer, das Ufer wechseln und weiter auf dem Ultener Talweg | **Öffnungszeiten** tagsüber von außen zu besichtigen | **Tipp** Ganz in der Nähe steht die nagelneue Kletterhalle St. Pankraz des Alpenvereins Südtirol. Über 50 Routen können dort probiert werden.

106 Die Lahnersäge
Zahn um Zahn

Von der Quelle bis zur Mündung weist die Falschauer ein Gefälle von 2.000 Höhenmetern auf und entwickelt dabei eine Kraft, die man sich schon vor Jahrhunderten zunutze machte. Schöner und lehrreicher als in der Lahnersäge kann man sich die Wasserkraft nicht zu Gemüte führen. Das urige Sägewerk ist als Museum gut erhalten und noch vollständig in Betrieb – zwar nur zu Demonstrationszwecken, aber immerhin. So lässt sich verfolgen, wie der Baum mittels Wasserkraft zum Brett wird. Bis in die 1980er Jahre wurde die Sägemühle noch von den Bauern des Tals genutzt.

Über die venezianischen Alpen verbreitete sich die Technik der als Venezianersäge bekannt gewordenen, wasserbetriebenen Einblattsäge ab dem 14. und 15. Jahrhundert europaweit. Leonardo da Vinci gilt als der Erfinder dieses Systems. Die voll funktionsfähige Lahnsäge verfügt über ein solches und demonstriert den einfachen, aber durchdachten Mechanismus. Das Wasser treibt dabei »oberschlächtig« das Wasserrad an, das den sogenannten Grindelbaum in Bewegung setzt, der wiederum die Kraft auf hölzerne Zahnräder überträgt. Dadurch kommt Bewegung in die Sache: Holzstämme werden zur Sägevorrichtung gezogen, das Sägeblatt wird auf und ab bewegt und bei jeder Aufwärtsbewegung der Sägewagen vorwärtsgeschoben, sodass die Säge wieder greifen kann.

Die Lahnersäge liegt direkt an der Fahrstraße am Eingang des Dorfes St. Gertraud, das hölzerne Mühlrad ist gut einzusehen. In der benachbarten Mühle wird zudem auch noch Getreide zu Mehl vermahlen. Neben der Säge thematisiert eine Dauerausstellung die ökonomische und ökologische Bedeutung des Waldes als Pufferzone und Ressource. Die Besucher begeben sich hier auf eine virtuelle Wanderung durch die Zonen des Nationalparks Stilfserjoch und erhalten spannende Einblicke in die Besonderheiten dieses Schutzgebiets im Ultental: Als Wurzelwerk allen Lebens wird hier der Wald bezeichnet.

Adresse St. Gertraud 62, 39016 St. Gertraud im Ultental | ÖPNV Bus 245 ins Ultental, Haltestelle St. Gertraud | Öffnungszeiten Di–Do, Sa 9.30–12.30 und 14.30–17.30 Uhr, Fr 9–17.30 Uhr | Tipp In St. Gertraud gibt es einen Escape Room – und zwar einen wirklich guten in einem alten Bauernhaus (www.alpinence.com/escaperoomulten). Na, wie wär's?

ULTENTAL

107 — Das Mitterbad
Ausgebadet

Die mondänste Badeanstalt ganz Südtirols lag einst ab vom Schuss im Ultental: das Mitterbad. Heute verfällt der Bau, nur Gedenktafeln erinnern hier und da an die Blütezeit und die Prominenz der damaligen Gäste. Eine ist Kaiserin Sisis Aufenthalten 1871, 1889 und 1897 gewidmet. Die Schützenkompanie St. Pankraz setzte Otto von Bismarck und dessen Badeaufenthalten von 1840 bis 1843 ein Denkmal, während der Verein der Bücherwürmer Lana jenen Sommer ausweist, den die Schriftstellerbrüder Thomas und Heinrich Mann im Jahr 1901 im Mitterbad verbrachten – kurz nach Erscheinen der »Buddenbrooks«, die Thomas Mann weltberühmt machen sollten.

Um 1900 praktizierte der renommierte Kaltwasserarzt von Hartungen in Mitterbad. Der Betrieb umfasste insgesamt 46 Zimmer und 23 Einzelbäder und stach mit Luxus und zahlreichen Annehmlichkeiten hervor, darunter mehrere Speise- und Tanzsäle, ein Schießstand und sogar ein eigenes Kaffeehaus. Im zentralen Badehaus standen den Gästen erster und zweiter Klasse für die Anwendungen fünf marmorne Wannen und 13 hölzerne Zuber zur Verfügung. Das Heilwasser des Mitterbads war besonders eisenhaltig und enthielt neben leichter Radioaktivität auch Spuren von Arsen und Schwefel. Es wurde insbesondere zur Linderung von Magenkrankheiten, Gliederschmerzen und Nervenkrankheiten empfohlen.

1919 wechselte das Bad den Besitzer und verlor in der Folge an Glanz, so wie sich ganz Meran vom Kurort zur Sommerfrische wandelte. Bis 1971 wurde das Mitterbad noch weiter betrieben, dann sich selbst überlassen. Was geblieben ist, ist die Atmosphäre, über die Thomas Mann in einem Brief schrieb: »Es lebt sich gut und erholsam hier. Die Kuranstalt liegt ganz einsam inmitten einer wirklich prachtvollen Berglandschaft, ein Sturzbach verursacht drunten im Tal ein ungeheuer besänftigendes Geräusch, und man führt das rationellste und auffrischendste Leben, das sich denken läßt.«

Adresse Mitterbad (über Tusengrabl), 39010 St. Pankraz im Ultental | **ÖPNV** Bus 245, Haltestelle Neuweg, von dort circa eine Stunde leichter Aufstieg | **Öffnungszeiten** Areal gegenwärtig weder geschützt noch abgesperrt | **Tipp** Eine ganze Reihe von Wasserkraftwerken und Stauseen dominiert seit den späten 1950er Jahren das Ultental. Auf dem Weg läuft man einen Halbkreis um den zweitgrößten, den Pankrazer Stausee.

108 Die Urlärchen
Die letzten drei

Drei der Urlärchen stehen noch, weit hinten im Ultental, an dessen Schattenseite und auf über 1.400 Metern. Ursprünglich muss dort ein kleiner Lärchenwald existiert haben, der aber durch Schneelast, Blitz- oder Beilschlag schrittweise dezimiert wurde. Und auch die drei letzten Exemplare sind nicht in bester Verfassung, bei zweien ist der Wipfel schon abgestorben, bei der dritten der Stamm geborsten. »Resignationsphase« nennt man dieses Stadium im Leben eines Baumes, das von geminderter Vitalität und beginnendem Verfall geprägt ist. Die Baum-Dinosaurier werden abgestützt oder sind durch Unterfassungen stabilisiert worden, aber viel Zeit haben sie nicht mehr.

Die Lärchen waren einst Teil eines Bannwaldes, der den Weiler Außerlahn vor Lawinen schützte – »Lahn« bedeutet im Ultener Dialekt »Lawine«. Die Bäume blieben wohl deswegen über Jahrhunderte unangetastet. Die Talbewohner nannten das Dreigespann »Feldermauslarchn«, weil die zahlreichen Baumhöhlen ausgezeichnete Brutplätze abgaben. Als Urlärchen wurden sie erst in jüngerer Zeit bezeichnet, als Besucher sich für die Riesen zu interessieren begannen. Erklärter Publikumsliebling ist die Lärche mit dem begehbaren Hohlraum. Sensible Bereiche sind seit 2002 mit Zäunen versehen – zum Schutz nicht nur der Bäume, sondern auch der Besucher!

Lange dachte man aufgrund einer Überlieferung, die Bäume müssten 2.000 und mehr Jahre alt sein – 1930 fiel einer von ihnen, und man zählte 2.200 Jahresringe. Dem kann aber so nicht sein. Eine wissenschaftliche Berechnung kam 2004 zu dem Schluss, die verbliebenen Lärchen seien etwa 850 Jahre alt, müssten also um 1150 gekeimt haben. Was ja auch ein biblisches Alter ist! Nur 600 Jahre werden Lärchen im Schnitt alt, unter besten Bedingungen 800. Lärchen sind genügsam, brauchen wenig Wasser und wachsen bis auf 2.500 Meter Seehöhe. Sie werfen ihre Nadeln über den Winter ab und vermeiden so Verdunstungsverluste.

Adresse Lärchengarten, 39016 St. Gertraud im Ultental | ÖPNV Bus 245 ins Ultental, Haltestelle St. Gertraud, von dort 15 Minuten zu Fuß | Tipp Entweder kehrt man im Hofschank ein oder biegt auf den Ultener Höfeweg ab, der schön schattig und leicht zu laufen ist.

109 Der Gampenbunker
Unter Tage

Auf dem Deutschnonsberg erstreckt sich unmittelbar hinter dem Scheitelpunkt des Gampenpasses eine der größten Bunkeranlagen Südtirols. Die Passstraße zwischen Lana im Etschtal und dem Dorf Fondo in der benachbarten Provinz Trient wurde erst zwischen 1935 und 1939 unter Mussolini erbaut, während im Anschluss heimlich Bunker in den Berg getrieben wurden. Heimlich deswegen, weil die deutschsprachige Bevölkerung davon nichts mitbekommen sollte. Der Gampenbunker war Teil des Vallo Alpino – des Alpenwalls – einer Reihe von Verteidigungsanlagen, die von der deutsch-italienischen Grenze bis ins Hinterland eingerichtet wurden. Sie galten Hitlerdeutschland und zeugen von dem Misstrauen, das Mussolini gegenüber seinem Verbündeten hegte.

Der Gampenpass fällt mit der kulturellen Grenze zwischen der italienisch- und der deutschsprachig geprägten Region zusammen und mit knapp über 1.500 Metern vergleichsweise niedrig aus. Schon seit Urzeiten verlief hier ein Verbindungsweg zwischen Norden und Süden, der aufgrund der neuen Straße ein Einfallstor für eine anrückende Armee gewesen wäre. Daher Mussolinis Bunkerbau an Ort und Stelle. Vier Stockwerke mit einer Tunnellänge von insgesamt 1,5 Kilometern wurden bis 1941 in den Berg getrieben, dann stellte man die Baumaßnahmen jedoch ein. Hitler hatte mehrfach interveniert und Mussolini schließlich überzeugt, die Bauarbeiten am Vallo Alpino (zumindest offiziell) zu beenden.

Über die Jahre geriet der Bunker in Vergessenheit. Erst seit 2010 ist er der Öffentlichkeit zugänglich. Im Bunkereingang ist seither die »Gampen Gallery« beheimatet, die wechselnde Fotoausstellungen zeigt. Vier Jahre später wurden zusätzliche Bunkerbereiche geöffnet, unter anderem ein etwa 200 Meter langer Verbindungsstollen. Im Bauch des Berges wird zudem die größte private Mineraliensammlung Südtirols in Schaukästen dargeboten – über 2.500 Einzelstücke.

Adresse Gampenstraße 12, 39010 Unsere Liebe Frau Im Walde-St. Felix | **ÖPNV** Bus 246, Haltestelle Gampenpass direkt am Bunkermuseum | **Öffnungszeiten** Ende Juni–Mitte Sept. Do–Di 10–17 Uhr, Mitte Sept.–Ende Okt. Fr–So 10–17 Uhr; letzter Einlass 16.15 Uhr | **Tipp** Keine zwei Kilometer entfernt befindet sich die historische Sägemühle am Gampenpass, die in der Dokuserie »Der Letzte seines Standes« des BR eine Rolle spielte.

110 Der Vellauer Felsenweg
Spektakulär ausgesetzt

Nomen est omen: Der Vellauer Felsenweg ist eine einzige Hangtraverse, technisch nicht schwierig, aber zur Talseite hin immerzu ausgesetzt. Dies garantiert einerseits großartige Panoramen, andererseits sind Schwindelfreiheit und Trittsicherheit absolute Voraussetzungen, bei schlechtem Wetter sollte man gar nicht erst aufbrechen. Der Weg sollte nicht auf die leichte Schulter genommen werden, aber vorschnell abschrecken lassen muss man sich auch nicht, denn fast durchgängig findet man an Seilen oder Eisenketten Halt. Belohnt wird man mit einem phänomenalen Steig durch die wilde und steil abfallende Südflanke der Mutspitze samt Himbeeren am Wegesrand und Ausblicken ohne Ende.

Der Pfad ist mit 2,5 Kilometern denkbar kurz, eine Stunde braucht man für die Querung aber trotzdem. Dabei geht es konstant bergauf. Immerhin 400 Höhenmeter gewinnt man von der Pfarrkirche von Vellau bis zu den Muthöfen.

In Vellau geht es nach der Kirche zunächst recht gemütlich los, wenngleich schon dort ein Schild vor den Gefahren warnt. Derer wird man sich bewusst, sobald man wenige Schritte weiter Höfe und Wiesen hinter sich gelassen hat und zum schluchtartigen Einschnitt kommt. Dort wird der Weg zum steinigen Pfad, rechter Hand fällt der Fels Hunderte Meter tief ab. Im Sommer kann es auf dem Felsenweg erstaunlich heiß werden, daher gilt: Unbedingt etwas zu trinken mitnehmen – auch wenn direkt am Schlusspunkt mit dem Gasthof Hochmuth eine aussichtsreiche Einkehr wartet.

Wer anschließend nicht mit der Seilbahn nach Dorf Tirol, sondern zum Ausgangspunkt zurückwill, steigt einfach ein paar Meter höher zum Berggasthof Steinegg auf und nimmt von dort aus den Hans-Frieden-Weg. Dieser Höhenpfad ist genauso lang wie der Felsenweg und ebenfalls ausgesetzt, wenngleich weniger stark. Er verläuft etwas oberhalb und endet bei der Leiteralm beziehungsweise dem Korblift nach Vellau.

Adresse Kirche zur Heiligen Dreifaltigkeit, 39022 Vellau | **ÖPNV** Bus 235, Haltestelle Vellau, wenige hundert Meter bis zum Einstieg an der Kirche, zurück mit der Hochmuth-Seilbahn nach Dorf Tirol, von dort Bus 221 in die Stadt | **Öffnungszeiten** im Winter, bei Dämmerung und Dunkelheit sowie bei Schlechtwetter nicht begehbar | **Tipp** Der Felsenweg ist kein offizieller Klettersteig – im Gegensatz zum Heini-Holzer-Klettersteig quasi direkt gegenüber am Ifinger, für den man sich sichern muss.

111 Das Knottnkino
Nur Naturfilme

Drei rötliche Felskuppen sind die Wahrzeichen von Vöran: der Rotstein, der Beimstein und der Timpfler Knottn. »Knottn« bedeutet im Südtiroler Dialekt »Fels«, und das Knottnkino besteht aus 30 wetterfesten Kinositzen, die Franz Messner auf der Kuppe des Rotsteinkogels installiert hat. Ein Naturkino, als dessen Leinwand der weite Bogen des Himmels dient, unterstützt vom Blick über das Etschtal und auf die Texelgruppe. Das spektakuläre Panorama und die Sitz-Installation ziehen Besucher auch deswegen magisch an, weil der Rotstein vom Parkplatz oder der Bushaltestelle am Eggerhof relativ einfach zugänglich ist. Es dauert keine 45 Minuten, bis man die 200 Höhenmeter überwunden hat und oben steht. Das geht sogar im Winter!

Als »Lorenzinacht« ist jene Veranstaltung bekannt geworden, bei der im August der Sternschnuppenschauer der Perseiden beobachtet werden kann, inklusive astronomischer Erklärungen, Musikbegleitung und Verköstigung.

Das Knottnkino wurde unlängst um zwei weitere Standorte ausgebaut. Ein Rundwanderweg, ausgewiesen als »Knottnkino³«, führt über die Stationen Beimstein und Timpfler Knoten einmal rund um Vöran, wobei die beiden zusätzlichen Haltepunkte mit weiteren Aussichtsplattformen und Installationen glänzen. Knapp zwölf Kilometer ist der Weg lang, vier Stunden sollte dafür man einplanen – am besten von der Bergstation der Burgstall-Seilbahn in Völlan aus. Auch der Rotstein hat zusätzlich zum Kino einen Rastplatz spendiert bekommen. Alle drei Felsformationen sind begehbar, man steht jeweils auf rötlichem Porphyrfelsen, der vulkanischen Ursprungs ist und in Jahrmillionen rundgeschliffen wurde.

Gestaltet wurde das Ensemble vom Architektenduo Verena und David Messner. Letzterer ist der Filius des Initiators Franz Messner, beide kommen vom Ritten und sind mit dem berühmten Bergsteiger aus dem Villnößtal nicht verwandt und nicht verschwägert.

Adresse Vöraner Straße, 39010 Vöran | **ÖPNV** Bus 225, Haltestelle Hafling Dorf, von dort Bus 204, Haltestelle Eggerhof | **Tipp** Unterhalb des Knottnkinos kann man eine Felskirche besichtigen, das sogenannte Herrgöttl auf 1.370 Metern.

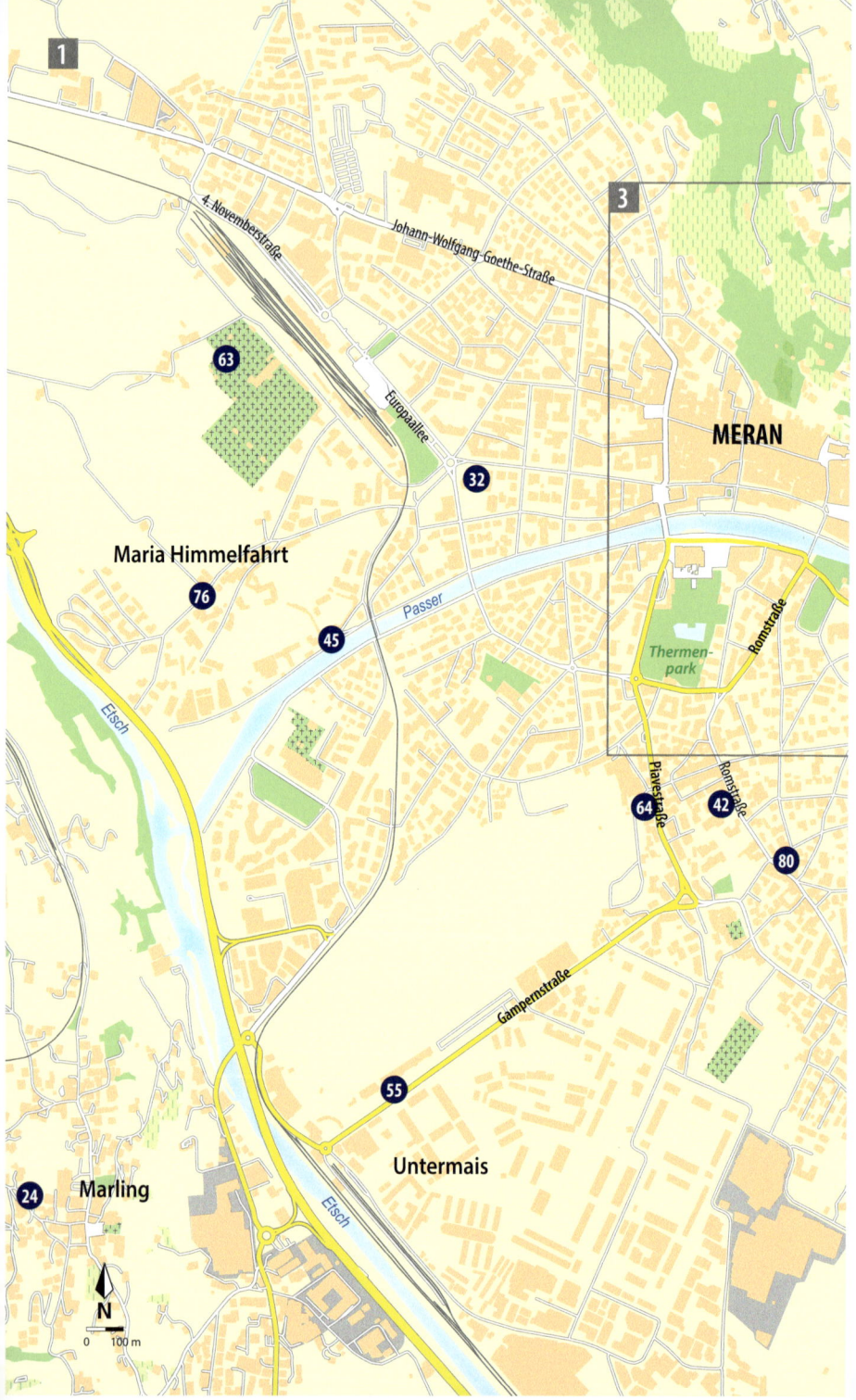

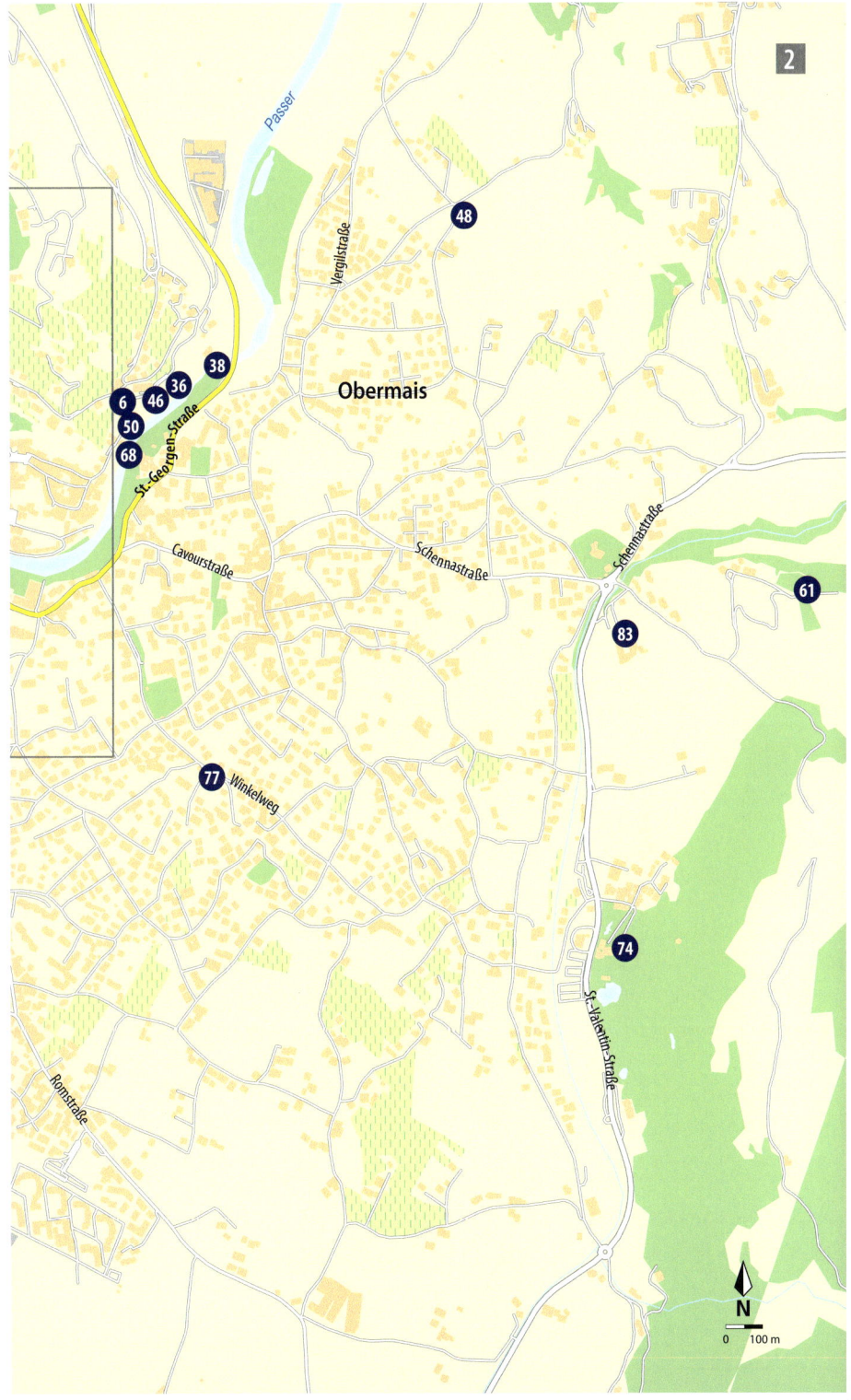

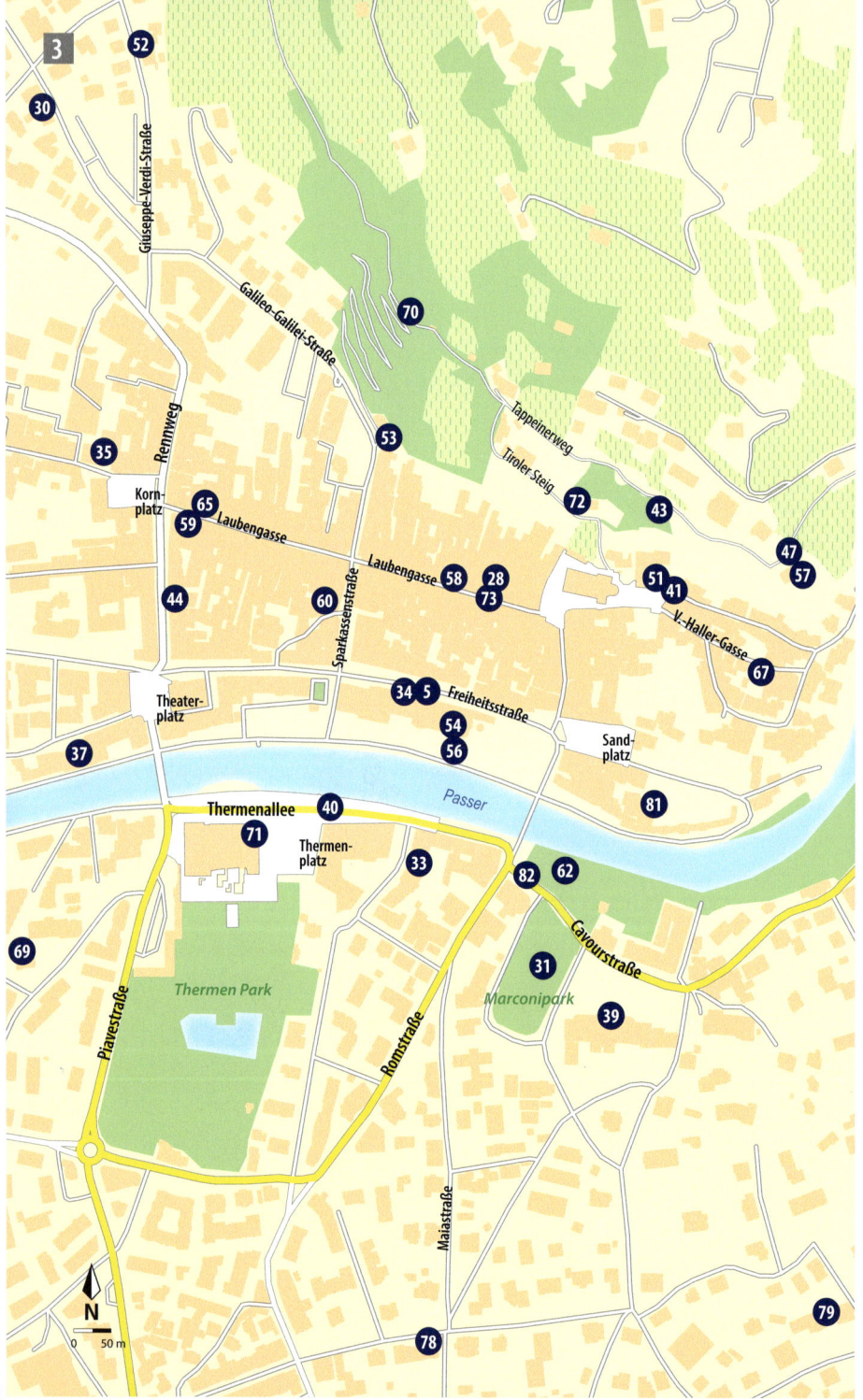

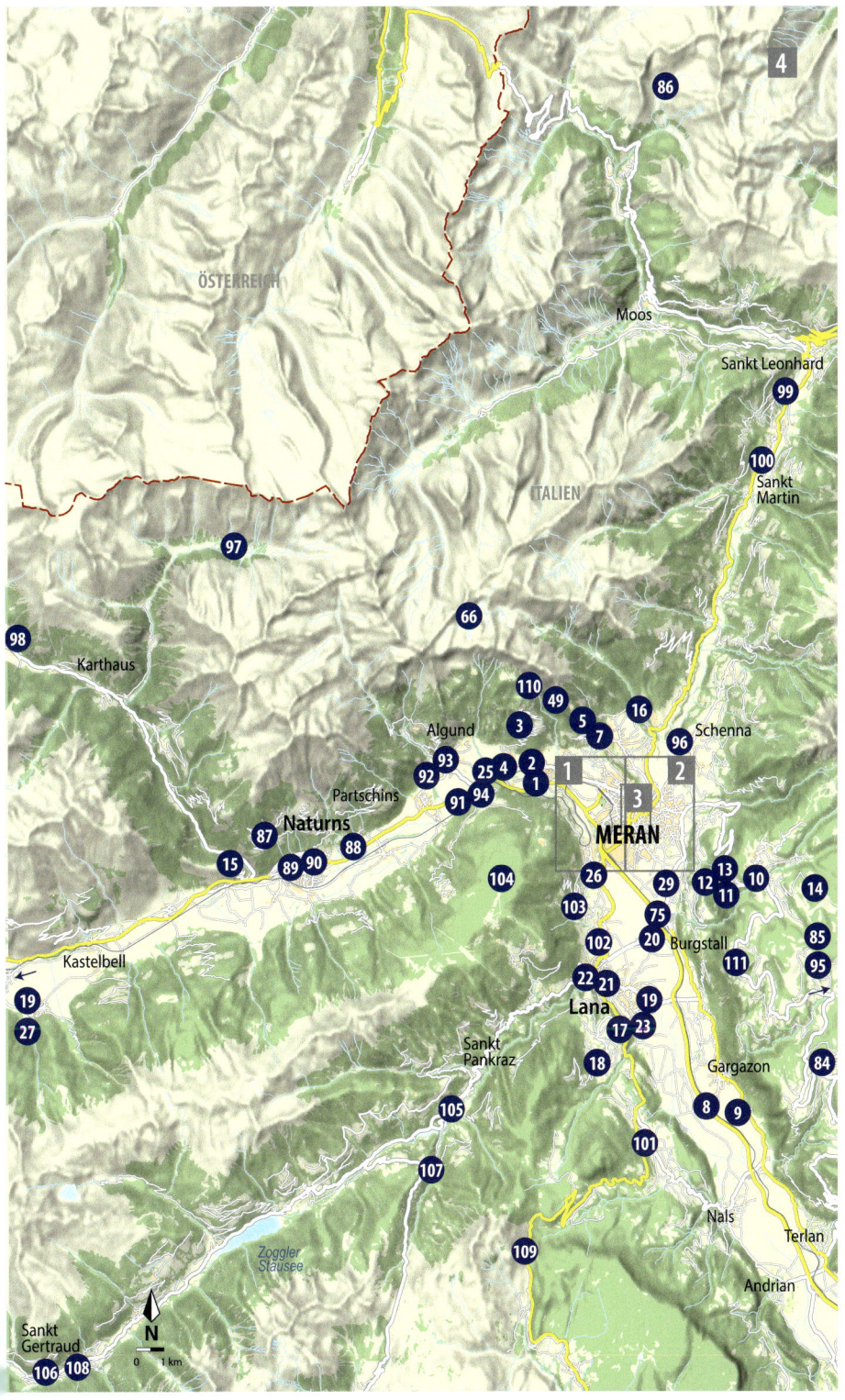

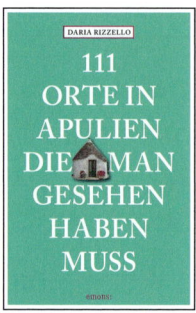

Daria Rizzello
111 Orte in Apulien, die man gesehen haben muss
ISBN 978-3-7408-1860-9

Jörg Dauscher
111 Orte in Bozen, die man gesehen haben muss
ISBN 978-3-7408-1897-5

Eileen Stiller
111 Orte auf Sizilien, die man gesehen haben muss
ISBN 978-3-7408-1424-3

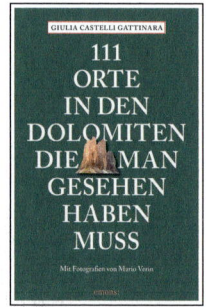

Insa Hohmann, Katharina Hohmann, Fritz von Klinggräff
111 Orte am Lago Maggiore, die man gesehen haben muss
ISBN 978-3-7408-2118-0

Giulia Castelli Gattinara
111 Orte in den Dolomiten, die man gesehen haben muss
ISBN 978-3-7408-1972-9

Gianni Montieri, Anna Toscano
111 Orte in Venedig, die man gesehen haben muss
ISBN 978-3-7408-1986-6

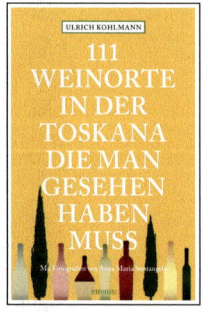

Federico Meloni, Jana Meloni
111 Orte auf Sardinien, die man gesehen haben muss
ISBN 978-3-7408-1997-2

Ulrich Kohlmann
111 Weinorte in der Toskana, die man gesehen haben muss
ISBN 978-3-7408-1741-1

Beate C. Kirchner
111 Orte in Florenz und im Norden der Toskana, die man gesehen haben muss
ISBN 978-3-7408-1630-8

MERAN
KELLEREI · CANTINA

WINE SHOP
·
WINE TASTING
·
GUIDED TOURS

KELLEREIMERAN.IT

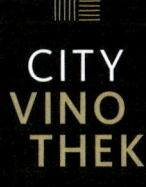

CITY VINO THEK
MERAN
KELLEREI · CANTINA

WINE SHOP
·
WINE BAR
·
WINE TASTING
·
GUIDED TOURS

CANTINAMERANO.IT

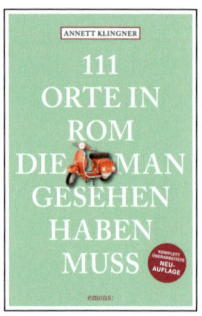

Annett Klingner
111 Orte in Rom, die man gesehen haben muss
ISBN 978-3-7408-1628-5

Peter Eickhoff
111 Südtiroler Gasthäuser, die man kennen muss
ISBN 978-3-7408-0137-3

Christoph Schrahe,
Stefan Herbke,
Thomas Biersack
111 Skipisten, die man gefahren sein muss
ISBN 978-3-7408-1600-1

Beate Giacovelli
111 Orte am Comer See, die man gesehen haben muss
ISBN 978-3-7408-1201-0

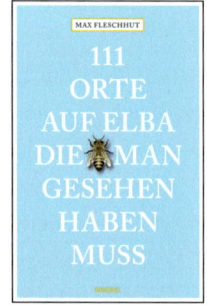

Max Fleschhut
111 Orte auf Elba, die man gesehen haben muss
ISBN 978-3-7408-0587-6

Franz Hlavac, Gisela Hopfmüller
111 Orte in Friaul und Julisch Venetien, die man gesehen haben muss
ISBN 978-3-7408-0575-3

Petra Sophia Zimmermann
111 Orte am Gardasee und in Verona, die man gesehen haben muss
ISBN 978-3-95451-344-4

Natalino Russo
111 Orte in Neapel, die man gesehen haben muss
ISBN 978-3-7408-0478-7

Alessandro Martini,
Maurizio Francesconi
111 Orte in Langhe, Roero und Monferrato, die man gesehen haben muss
ISBN 978-3-7408-0474-9

Fotonachweis

Ort 3: Tourismusverein Algund/Benjamin Pfitscher; Ort 8: Naturbad Gargazon/René Gamper; Ort 9: Raffeiner Orchideenwelt; Ort 10: Tourismusverein Hafling/Benjamin Pfitscher; Ort 13: Hotel Miramonti; Ort 14: Wurzeralm, Fam. Kofler; Ort 15: Messner Mountain Museum/Wisthaler; Ort 16: WikimediaCommons/CC BY-SA 3.0/Jan Polák; Ort 17: Südtiroler Obstbaumuseum; Ort 21: Gärtnerei Galanthus; Ort 23: WikimediaCommons/CC BY-SA 4.0/ManfredK; Ort 24: Destillerie Unterthurner; Ort 26: Kellerei Meran/René Riller; Ort 40: Hotel Therme ; Ort 42: Die Klamotte; Ort 49: Tourismusverein Algund/Marion LaFogler; Ort 51: Palais Mamming, Stadtgemeinde Meran; Ort 59: Rössl Bianco; Ort 61, 83: Denis Mader; Ort 66: WikimediaCommons/CC BY-SA 4.0/Uli.ch; Ort 74: Touriseum; Ort 75: Tuo/9up Digital; Ort 84: Arunda Sektkellerei; Ort 85: shutterstock.com/Nemo1963,; Ort 86: WikimediaCommons/CC BY-SA 4.0/Whgler; Ort 87: Tourismusgenossenschaft Naturns/Thomas Grüner; Ort 89: studio AREA architetti associati Pauro-Fregoni/Foto: Alto Amoretti/Provinz Bozen, Abteilungen: Hochbau und Technischer Dienst und Natur, Landschaft und Raumentwicklung/Gemeinde Naturns; Ort 90: shutterstock.com/Altrendo Images; Ort 91: K.u.k Museum Bad Egart; Ort 92: Texelbahn; Ort 93: Schreibmaschinenmuseum Peter Mitterhofer; Ort 95: Hotel Terra; Ort 96: Tourismusverein Schenna/Julia Staschitz; Ort 97: Eishof/Benjamin Pfitscher; Ort 98: archeoParc Schnalstal/Ganesh G. Neumair; Ort 99: Museum Passeier/Angelika Schwarz; Ort 101: Restaurant Zum Löwen; Ort 102: Kränzelhof/Emi Massmer; Ort 103: Schloss Lebenberg; Ort 104: shutterstock.com/Andrea Geiss; Ort 105: Tourismusbüro Ultental/Running Schritti; Ort 106, 108: Tourismusbüro Ultental/Alex Filz; Ort 107: Andrea Mattevi; Ort 109: Tourismusverein Deutschnonsberg/Hannes Niederkofler; Ort 110: Tourismusverein Algund/Antje Kreuzburg

Jörg Dauscher wurde in Mittelfranken geboren und wuchs an den vergleichsweise sanften Hängen des Juras auf, von wo er 1996 zum Studium nach Berlin ging. Dort war es ihm auf die Dauer viel zu flach und seit 2016 ist er unterwegs, fotografiert, biwakiert und läuft zu Fuß über Pässe und Saumpfade.